搭 JR 鐵道
遊北海道・東北

／蔡碧航

ほっかいどう

栞涵

你喜歡旅行嗎？旅行，是和夢想一起遨遊。

我常到碧航的格子裡去觀望，她是個四處旅行的人，一會兒日本，一會兒中國大陸，又一會兒……圖文皆美，真讓我歎為觀止。尤其，盡皆自助旅行，有私房景點，還有沿途的凸槌，搭錯車、迷了路，為旅程平添繽紛的花絮。

我常問她：「為甚麼不出成書呢？」

她總是笑笑，不置可否。

作家的旅遊書，多麼讓人悠然神往！

我認識她，在二十幾年前的一次作家旅遊活動中，那時，她的文名已顯，風格清麗委婉，備受各方的矚目。

出了好幾本散文書以後，她卻逐漸的沉寂了。

或許是因為才情多方，這些年來，碧航捏陶，搖身一變而為陶藝家；又常出國旅行，足跡遍及海內外，既追櫻又追楓，不亦樂乎。還擅長烹煮養生餐點，作家上菜，可想像的空間就更大了。這麼一個多才多藝的人，果真捨得放下手中的筆嗎？如此懷疑，絕非空穴來風。呵呵，當然她有不只一個部落格，典藏生活種種以及細緻幽微的心情轉折。格友們只道好，我則深知作家的出手不凡。

兩年前，我曾去台南找碧航玩。

碧航說，逛逛天后宮吧？

說來輕輕鬆鬆，逛起來，才知台南有許多天后宮，大家都是景仰媽祖的吧。

大天后宮、開台天后宮、開基天后宮、鹿耳門天后宮⋯⋯在香煙裊繞裡，我們看到了善男信女虔誠的膜拜，也看到了媽祖慈悲的容顏。在那叩首祈祝裡，真心希望災能消厄能解，讓平安來到我們的內心。

在這大大小小的天后宮裡，我比較偏愛鹿耳門天后宮。它的佔地更廣，風吹得我們的衣袂飄然，進得廣場右邊，是燒金紙的所在，每一張金紙依序如蝶舞翩翩，旋即轉入烈焰之中，旁人看得驚詫，其實那爐是經過特殊設計的，而非神蹟的彰顯。

還看了安平古堡、億載金城。黃昏時的億載金城，有著美麗的夕照和迷人的氛圍，碧航忙著拍照，我則靜靜的欣賞，把美景放在心中，也藏在記憶的深處。

碧航熱誠而親切，的確是絕佳的導遊。⋯⋯

如今，碧航的旅遊書《戀戀北國──北海道‧東北》，終於要和讀友們見面了，多麼讓人歡喜！她以一貫細膩溫柔的筆觸，來描繪北海道和陸奧，何只是旅遊心情？還有諸多別人所未見的敏銳分享，另有一種溫馨可愛。

她曾經為我做過台南導遊，印象至今不忘。現在，讓我們跟著碧航飛往日本，和夢想一起邀遊，泡溫泉、啖螃蟹、賞秋山的陶醉、古寺的清雅⋯⋯還在大片的薰衣草環繞中，做一個紫色的、美麗的夢。

或許，你愛她的文字佳妙，其實，我更愛她的深情款款。

琹涵　2012年秋日

蔡碧航

我愛旅行。時時刻刻都準備著要出發去旅行。

去遠方，把自己放逐，然後隔著一段距離回望自己，燈影闌珊處的身影，有點陌生，有點熟悉，有點遲疑不敢相認，有多久，不曾這樣認真的省視自己了。

去遠方，是為了和自己再相遇。把在人海裡載浮載沈迷失方向的自己、把在十字路口徬徨困惑的自己、把日子過得胡塗眉目不清的自己，給重新喚醒、及時撿拾回來。

所以，旅行是必須。

去過二十幾趟日本，如果你問我，什麼地方最能夠療癒身心、寄託情懷？那麼我想就是北海道了。

我想念北海道，尤其是夏天。

夏天的北海道，甫自一場苦寒的冬夢裡蘇醒過來，勃發著旺盛的生命力。綠色的田野，開滿瑩白粉紫的馬鈴薯花，翻飛著麥浪，艷紫如夢的薰衣草，以及像痴情少女一般追逐著太陽的向日葵，都是很豪氣的一大片一大片，連綿到天邊。就連路邊的野花也開得熱熱鬧鬧萬紫千紅。天空是藍的，又高又遠，遊蕩著綣綣白雲。風微微輕輕，閉上眼，一呼一吸，一吐一納，花的香草的甜沁立時充滿胸臆，真是久違的大自然邂逅啊。

以往到日本自助旅行最大的挑戰是語言問題，但是靠著完善的網路資訊和漢字招牌，只要事先做好功課，自由行絕對是不成問題的。台灣旅人和日本商家，彼此也都習慣了比手畫腳的溝通，只要微笑和善意，便是最好的語言。

然而最近一次重遊北海道的經驗，卻讓我十分驚嘆。

首先接觸的是札幌車站的總合案內所，我一開口問不到兩句，立刻有中文服務人員前來協助；開架櫃上，中文說明的觀光資訊和地圖占了很大的份量，繁體簡體兼備。而且不管是案內所或旅館從業員，英語好像都是必備的了。在商店購物，冷不防還會來幾句華語應答，原來他正在學習中文哩。

最驚訝的莫過於在車站聽到中文廣播。

猶記當時我正坐在美瑛車站外的涼椅上等候觀光巴士，突傳來一串很標準的華語女聲：

「開往旭川方向的列車現在開始檢票，請各位旅客到第一月台候車。」

毫無心理準備的我真的差點驚跳了起來。

以後的旅途，在很多車站都不斷的聽到華語廣播，也就很順耳不再覺得突兀了。在釧路溼原的觀光小火車上，我遇到的中文服務員是來自吉林的劉泓小姐，她說這項中文服務是二〇〇八年開始啟動的。除了巡迴車廂為中文旅客解答問題親切問候之外，還做問卷調查，收集應興應革意見，服務態度十分懇切。

日本東北，則是我的另一處祕密花園。

此次的旅行，我特意繞過青森，沿著日本海，搭乘JR五能線的休閒白神三兄弟列車。

新幹線已經來到新青森，由東京出發三小時可達，然後轉車去弘前。這是我第一次到弘前，一見竟十分傾心。我喜歡這個城市。

弘前是個具備迷人氣質的城市，而且有櫻花、有蘋果、有咖啡。在春天，滿城飛花，你可以坐在櫻花樹下啃蘋果，讓花瓣落滿一身。冬天就踏著雪去尋咖啡館，撫著凍紅的鼻子，投入那一室的溫暖，想必身與心都會得到撫慰安頓。

所以如果要我選一個居住的城市，我想弘前便是首選之一了。

我很能享受旅行時自在遊走的樂趣，漸漸的不再計畫得那麼周詳那麼鉅細靡遺，而留有許多的空白，許多的隨機，如此更會有許多意外的驚喜。北海道和東北，天寬地闊，彷彿在世界的盡頭，特別適合藏夢，適合這樣沒有大企圖的緩慢旅行。

希望你也喜歡。

目
錄

contents

Chapter 1
幸福北海道

富良野線 ふらのせん
旭川 ▶ 富良野

北海道螃蟹「食放題」

層雲峽，是我第二次來到北海道的道央地區，想要停留的一個景點，或者應該說，有一半的因素是因為層雲峽，我又再度前來，只因為上次來時足跡未及。

另一個原因是溫泉。在一趟旅程中，通常我會安排三到四個溫泉旅館，一來因為自己是溫泉一族，來到日本不泡湯，真是所為何來？二來則是每天走走逛逛，把腳累翻，若能睡前泡泡溫泉，再加一夜好眠，隔日醒來疲累盡消，又是生龍活虎好漢一條。

如果要說第三個原因，那當然就是想要享用美食了，因為北海道號稱是日本的海鮮廚房，各類海味鮮活生猛，尤以帝王蟹、毛蟹和秋鮭馬哈魚最是動人食指。

在台灣，吃一頓日本料理，「青青菜菜」就上千元，還不見得吃得滿意。日本的溫泉旅館通常是一泊二食，晚餐有時是部屋食，有時是和洋自助餐，就看你自己的選擇了。

這次的層雲峽訂房，原先屬意的是朝陽Resoft，但是沒有空房，只好預約姐妹館朝陽亭。朝陽亭有個優點，它是和風傳統溫泉旅館，可以享受老式旅館的溫馨接待，而且立地較高，視野更好，離纜車站也比較近。朝陽Resoft的優勢則是新、溫泉設備更多樣。雖然這兩個旅館間每日運行許多班次的連絡巴士，以方便房客往來泡湯，但我還是在朝陽Resoft釋出空房時，連夜把它更換了。

預約這家旅館的最大原因是它有接送服務，可以在JR札幌站或旭川站搭車。我選擇在札幌上車，這樣，我的北海道Rail pass 就可以延後一天才啟用。哈，我來算算省下了多少交通費：札

幌→旭川，JR車票 四一七〇圓，旭川
層雲峽的來回巴士券三八〇〇圓，總
共省下了 七九七〇日圓，可以買一件
漂亮新衣了。

這班旅館的送迎巴士上午十一時三十
分由JR札幌站北口開出，下午四點抵達
旅館，中途會停靠砂川休息站午餐。
這是個頗大的休息站，餐廳、農特產
品及名物土產形形色色，舉凡北海道
說得出名堂的伴手禮無不齊備，六花
亭、北菓樓⋯⋯要什麼有什麼，足夠
掏空你的口袋。

休息時間大約只有四十分鐘，點個餐
吃個飯，再上個廁所逛個店，時間實
在是太趕了，所以我們就買了好吃的
北海道特產玉米棒，再加上昨天在札
幌大丸百貨超市買的蘋果和麵包，這
樣的午餐經濟實惠又健康。

到達旅館辦好住宿手續後，可以搭乘
聯絡巴士到姐妹館去泡湯，順便參觀
一下另家旅館的設施、滿足一下「同

▍砂川休息站的六花亭
▍在函館朝市買的帝王蟹
▍號稱「大地皇帝」的哈蜜瓜身價不菲

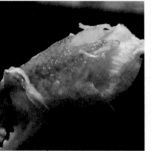

▌美味多汁螃蟹腳　▌哈蜜瓜和櫻桃也是食放題喔　▌螃蟹食放題叫人難以抗拒
▌Cheers，乾杯！

場加映」「賺到了」的心態也是件有趣的事。現在有許多溫泉旅館為了招攬客人都會結合兩三家旅館策略聯盟，以便創造更大的商機。例如我投宿過的男鹿Grand、花卷溫泉紅葉館和奧入瀨Grand都有這樣的服務。

泡完湯躺在榻榻米上休息，或泡壺茶倚在窗邊欣賞滿眼楓紅或新綠，聆聽溪聲潺潺水流崢崢，足堪忘卻塵世紛擾。

晚餐是和洋自助餐。

一落座，服務生便要我們各選一杯酒，呵呵，這好像又賺到了，我們各點了威士忌、紅酒和朝日生啤。一般晚餐的酒精飲料都是要另外付費的，之前在定山溪享受了「飲み放題」，十幾種酒類任喝，結果也只一杯的量，沒有喝「通海」盡歡的勇氣，殘念。

一看到餐檯上一大盤螃蟹腳，我的眼睛就發直發亮了，眼中再無其他菜色……。「食放題」，很豪氣的任你吃哩，我也就毫不客氣的裝了滿滿一盤，再加剪刀鉗子等吃蟹工具，準備大快朵頤狠吃它一頓。

來到北海道沒有不吃蟹的，不吃蟹會遭天罰，罰你下次再來。

記得有一年夏天在函館，我們和民宿主人去朝市，選了兩隻很大的帝王蟹，一公斤三千五百日圓，總共要價日幣三萬三千六百圓，以三萬一千圓成交，請店家煮好處理好送到民宿來，十幾個人圍坐在民宿的廚房大快朵頤。從那以後，我每喝喜酒吃帝王蟹，都不知蟹味了。

對付眼前滿滿一盤艷色誘人的蟹腳，我左手握蟹右手持剪，咔嚓一刀剪下，再一折一拉，就是鮮甜多汁彈性十足的蟹肉了，一口蟹肉一口啤酒，真是人間至美至樂，不知今夕是何夕了。

打個飽嗝！再來是水果，我最愛的哈蜜瓜和櫻桃，豈可暴殄天物不吃它一大盤？哈哈，我還有「別肚」可裝，沒問題的啦！

長腳蟹、哈蜜瓜、櫻桃和啤酒，這就是我層雲峽溫泉宿的豪華晚餐。

■INFORMATION 旅遊資訊

層雲峽溫泉　朝陽Resoft hotel

地址	北海道上川郡上川町層雲峽溫泉
電話	01658-5-3911
費用	￥14000～／人。一泊二食，依房型需求及淡旺季有所不同
交通指南	JR札幌站、旭川站每日都有免費的送迎巴士
其他	和室洋室共188間

愛與幸福旭山動物園

從層雲峽下來，我搭旅館的送迎巴士到JR旭川站，然後到前方西武百貨旁去搭巴士，要到旭山動物園去。

自己也覺得有點不可思議，因為向來不喜歡動物園，木柵動物園只去過一次，看到一群懶洋洋無精打采的動物，不是關在籠子裡，就是藏躲得

到了旭川車站就有很清楚的引導說明

▌旭山動物園成了JR北海道熱推的知名景點

▌前往動物園的巴士

▌國王企鵝肉眼分不出雌雄，必須在手臂做記號，右臂公左臂母。

無影無蹤。動物園不就是那樣嗎？換個名詞說不就是「動物監獄」？

但是，傳說中的旭山動物園卻引起我的好奇心，想要一探究竟。

旭山動物園創立於1967年，是日本最北的動物園，原先也採取傳統的經營方式，因為休閒活動的多元化以及少子化的影響，營運日趨困窘。1996年復因大猩猩感染胞蟲病死亡的事件，導致遊客降至最低，營運嚴重虧損，旭川市政府擬將之關閉。動物園的員工和旭川市民不捨這個動物園，發起自救運動，提出改善計畫。

　瀧澤園長向新上任的女市長說：

　「您給我兩億日元，我會讓企鵝飛上天！」

　「如果沒有飛起來，我就剪掉你的舌頭！」

這是電影演的。實際上的情況是當時的園長小菅正夫不斷的向市長和市府職員再三遊說，終於爭取到一大筆經費。經

過數年的努力，果然營造出一個與眾不同的動物園，吸引來大量遊客，2004年更一舉超越東京的上野動物園，成為日本人氣第一的動物園。這真是讓人跌破眼鏡的事，其中到底隱藏著什麼玄機？

行動展示的開放空間

旭山動物園有鎮園三寶：企鵝、北極熊和海豹。

首先來到企鵝館，進入水底隧道後，抬頭一看，果然像瀧澤園長所說的，企鵝在天上飛！當然企鵝不會真的飛到天上去，而是牠們在觀眾頭頂的水中游來游去，

門票上印有不同的動物圖像

▍企鵝飛上天（沈君帆攝）

▍企鵝館的水底隧道（沈君帆攝）

▌小姊姊，我這樣穿帥不帥呀？

翻肚、拱背、振翅，看起來就像在天空自在飛翔。牠們也會在岸上悠閒踱步，像個穿燕尾服的紳士。冬天來時更有趣，為了避免企鵝運動量不足，一天會有兩次讓牠們在雪地上散步，搖搖晃晃移動胖胖的身軀，模樣十分可愛。

另一個超人氣的館是「北極熊館」，夏天，北極熊怕熱，最喜歡泡在水裡玩，撲啪撲啪濺起水花。遊客可以多角度觀察，甚至從特別設計的圓罩內窺看，冷不防北極熊也探頭來瞪著你，彷彿審視牠的食物，距離近得可以細數牠的睫毛和指爪。

海豹則在水裡舒服的瞇著眼睡著了，睡著睡著一不小心睡翻了過

▌ 戲水的北極熊 ▌ 玩累了休息一下

▌ 瞇著眼舒服的睡著了（沈君帆攝） ▌ 愛睡覺的海豹。（沈君帆攝）

去，惹來一陣嘩笑。餵食的時候，紅毛猩猩從空橋走過來，再順著梯子爬下來拿取食物，距離也是近得好像可以和牠握握手。

遊客還可以看到多種動物共同生活的場景，和一般動物園個別禁閉的情況很不一樣，每一種動物好像都很自得其樂，根本不在乎來來往往的人群。我想這就是旭山動物園成功的地方，所採用的是「行動展示」的方式，依照動物習性設計適合牠們的生活空間，動物們起居自在，自然就能活活潑潑精力旺盛、一臉幸福的樣子了。

旭山動物園另一個創意是「大口嚼」餵食秀。通常動物在進食時是最有活力的，利用牠渴求食物的時候，要牠做個表演十拿九穩會成功。飼育員更在這時做隨機教學，解說動物習性、灌輸人與動物和諧相處之道、宣導愛地球保育動物的重要。娛樂、休閒、教學、生態保育，集眾多功能於一身，這便是旭山動物園成功的地方。

由於旭山動物園行情正夯，JR適時在休假日推出了從札幌出發的一日遊套票，包括JR特急、巴士和動物園門票，乘坐「旭山動物園號」列車，上午08：30自札幌出發，10：07到旭川，下午16：05由旭川返回。該車全車指定席，五節車廂分別以「北極熊」「野狼」「獅子」「黑猩猩」「企鵝」命名，外觀塗裝和內部裝修也都以動物造形，極受小朋友歡迎。帶了小朋友隨行的背包旅人，可不要輕易錯過喔。

1	2	3
4	5	6

▌1. 高高在上的猛獸，牠覺得很安心

▌2. 紅毛猩猩走過空橋

▌3.「大口嚼時間」的餵食秀

▌4. 睡得好熟喔，背上不癢嗎？

▌5. 距離近得好像可以和牠握握手

▌6. 飼育員趁機宣導保育知識

▎順遊「雪之美術館」

參觀完動物園之後回到JR車站，時候尚早，我又搭巴士去了「北海道傳統美術工藝村」。工藝村內有「雪之美術館」「優佳良織工藝館」「國際染織美術館」等三個展覽館。

「雪之美術館」是一棟雪白的歐式城堡建築。踩著迴旋樓梯前往「冰之迴廊」，透過落地玻璃窗，看到的是保存在攝氏零下二十度的美麗冰柱。「雪的結晶室」展示的則是雪花的六角形結晶照片。鑲嵌在四周玻璃窗和圓頂上的照片，經燈光投射，熠熠生輝，美如晶鑽。這些照片是北海道大學的教授小林禎作等人，花了二十年時間在大雪山以顯微鏡頭拍攝完成的。

美術館內還有一個可容250人的「雪之音樂廳」，舞台周邊圍了一圈冰雪，穹頂則是七位畫家聯合創作的「北之天空」超大油畫。如果在這裡舉行一場婚禮，一定浪漫得讓人終生難忘。

走出「雪之美術館」時，天色將暗，望向對面「優佳良織工藝館」上方的天空，白雲繚繞，正是一幅「北國天空」的美麗圖畫啊！

▎雪的結晶

▌雪之美術館

▌雪的結晶室

▌雪之音樂廳

■ INFORMATION　旅遊資訊

旭山動物園

地址 | 北海道旭川市東旭川町倉沼

電話 | 0166-36-1104

時間 | 【開館】夏季／上午9點30分～下午5點15分，
下午4點15分以後禁止入園（會有變動）　冬季／上午
10點30分～下午3點30分，下午3點以後禁止入園

【休園】4月9日～27日、11月4日～17日、12月30
日～1月1日（會有變動）

費用 | ￥800／人，一年通票￥1000，中學生以下免費

交通指南 | JR旭川站前搭巴士44分鐘

雪之美術館

地址 | 北海道旭川市南が丘3丁目1-1

電話 | 0166-62-8811

時間 | 【開館】4月～10月：9：00～17：30，11月～3月：9：00～17：00

　　　【休園】年末年始，行前請先確認

費用 | 成人￥650，三館共通票￥1200

交通指南 | JR旭川站前搭巴士10分，下車徒步10分

藤田觀光ワシントンホテル旭川

地址 | 北海道旭川市宮下通7丁目

電話 | 0166-23-7111

費用 | ￥4000～／人

交通指南 | JR旭川站前，徒步2分鐘

其他 | 和室、洋室260間

拉麵專門店：梅光軒本店

地址 | 北海道旭川市2条通8丁目

電話 | 0166-24-4575

時間 | 11：00～15：30 / 17：00～21：00

交通指南 | JR旭川站前徒步5分

紫醉薰衣草

▌與薰衣草的約會

一九九九年七月，我和友伴去北海道富良野，早已把薰衣草看到飽。雖說女人都愛花，但我不以為自己會千里迢迢再飛來，就為了薰衣草。

那天，心血來潮去巡長榮航空的網頁，看看有什麼好康情報。一看札幌機票一五一○○元，啥？在這樣的旺季？薰衣草見頃的時節？以往的票價都是兩萬元跑不掉的，由於我家老爺尚未去過北海道，不禁有幾分心動。徵得他的同意，並約了一對好友同行，立時搶訂了四張機票。（後來得知，有人在五月底新流感初起時搶到一萬元左右的特惠票，更有人在去年底用消費券秒殺到華航的札幌機票，讓我羨慕得流口水。～這是二○○九年的事）

確定好機位，離出發日期只有七

▌被薰衣草包圍的上富良野車站

▌浪漫的紫色讓人不飲自醉

▎採收薰衣草的工人

▎富田農場

▎富良野是薰衣草之鄉

好攝一族

天，我一夜不眠趕排行程預訂飯店，因遇日本連休假期，還差點要露宿街頭哩。

啟程後順利抵達新千歲空港，遇到唯一的不順利則是：我請白金祕書預約的美瑛觀光巴士票券，取票時竟然狀況百出，問JR總合案內所和綠色售票窗口，都說從來沒有人用這種方法預約，不知如何處理，服務小姐來來回回跑了好幾趟，後來是綠色窗口的一位資深售票員接過信用卡，一刷就取票了。

檢討原因，我認為是總合案內所的服務小姐熱心過度，又搞不清楚狀況。我若直接找到綠色窗口的那隻老鳥，一刷OK，就可省掉那一場人仰馬翻的折騰。當時打電話詢問東京的JCB白金祕書服務處，卻遇假日不上班，以這一點來說，白金祕書的服務還不算完全到位。

▌四季彩之丘（沈君帆攝）

▌JR北海道Twinkle巴士美瑛號

話說我為什麼要預約觀光巴士？十年前一下飛機，在新千歲空港立刻買套票預約巴士，卻只劃到一程，另一個觀光course只好租腳踏車，騎得氣喘吁吁一路慘叫。何況這次有三個course，不事先預約怎能確保行程順暢？

這次的觀賞薰衣草行程我排了兩天，一天在美瑛搭觀光巴士，三個course下來剛好把腳程不能到的景點做一個全覽。第二天則參觀交通較方便的幾個薰衣草園，停留時間自主，可以盡情的遊憩、拍照。

在美瑛安排的三個觀光course依序是09：20丘course，10：45拓真館course，以及下午13：30的薰衣草course。

拓真館展出前田真三的攝影名作

四季彩之丘

說到賞花，真該深深感謝老天爺厚愛，不管賞櫻賞楓觀雪，都是美景滿喫。十年前到北海道，剛好被兩個颱風包夾，但是竟然上車落雨下車雨停，搭上回程班機後才得知北海道大雨淹了鐵道⋯⋯

這回再來，仍然受老天眷顧，下雨的那天我們正好搭上旅館的送迎專車雨中賞景。美瑛一日微雨，也湊巧安排了搭乘觀光巴士。

美瑛丘陵壯闊綿延，嚴冬凍土長達半

▌美瑛丘陵

▌薰衣草冰淇淋

▌如彩虹一般的花田

年,三、四月雪融後田土新翻,綠芽茁發,田野一片欣欣
向榮,就等進入初夏,百花怒放,麥浪翻舞,把壯闊土地
妝點成五彩瑰麗的拼布一般。旅人,便都趕在這季節來到
北海道。

今年美瑛的觀光巴士行程又新增了一條Lavender course,
走的是花人之路,並參觀葡萄酒廠及Lavender East fields。
Lavender East fields就是富田TOMIDA的東園,亦即富田農場
新擴展的事業版圖。除了大片的薰衣草園,還設有賣店和
咖啡座,同樣商機無限。

▌像彩虹一般的花田

在富良野的第二天。

預定的行程是自由自在的遊賞幾個薰衣草園、隨興拍照,
停留時間不預設,視需要再做調整。路線依序是北星山町
營薰衣草園→富田農場→彩香之里→日之出公園。

昨天晚餐時，那個接待的歐巴桑知道我們今天要去富田農場賞花，一直「大變大變」個不停，因為天氣預報有大雨。我說不會啦，祈願晴天。

然而，果然一夜大雨。

今晨四點醒來，拉開窗天已濛濛亮，有點陰，但沒下雨，真是太好了！搭車抵達中富良野時還不到八點。車站是個無人小站，沒有任何可供諮詢的地方。街廓和十年前有一點改變，找不到以前租腳踏車的那家店，找不到指標，也想不起上回騎單車到富田農場去的路線。原本認為很簡單很理所當然的事突然變得有點複

▌富田農場《彩りの畑》 ▌可愛小姐妹人比花嬌 ▌富田農場東園

▌富田農場繁花如錦繡

雜，因為身邊沒帶地圖，問了三個中學生，一個不知道兩個指給我不同的方向。

駅前有計程車排班，可又不甘心今天的旅程就由計程車開始。W說，她看到有兩個日本人拿著旅遊簡介什麼的，肯定也是個旅人，他們朝向駅旁的花人橋行去。果然必須要這樣走，花人橋跨過鐵道，出了橋右轉前行到底再左轉，往昔的記憶就回來了。

首先來到北星山町營薰衣草園，這個依坡度而植的薰衣草園範圍並不大，但可以坐纜椅上山，由高處眺望中富良野及綠油油的平疇景色，是一處不錯的觀景點。但這個簡易纜車九點才開動，我們不想等，就繼續前行十分鐘到富田農場去。

北海道的花曆：五月風信子、水仙、紫丁香、芝櫻，六月鈴蘭、馬鈴薯花、七月薰衣草、罌粟，八、九月向日葵、波斯菊……，不同的季節不同的地方，便有不同的花團錦簇。而富良野號稱是日本的普羅旺斯，早年由法國引進薰衣草，推廣栽培做為香料原料。最盛時期富良野地區約有二五○戶種植，面積達到二三○公頃以上，後因合成香精及進口香料價廉，商機銳減，許多農戶都不再種植了，富田農場也陷入經營寒冬。

一九七六年，JR日本國鐵以一幅火車行經原野和薰衣草園的月曆，深深攫獲了旅人的心，吸引來旅行者和攝影家，也為富田農場帶來好運。

一九八○年富田農場成功研發香水，一九九○年更以薰衣草相關產品在法國舉辦的《薰衣草芳香博覽會》奪冠。從此富田農場簡直成了夏天北海道的代表，浪漫的紫色薰衣草為它每年帶來百萬遊客，創造龐大商機。

目前富田農場種植了約十五公頃的薰衣草（二○○八年另外開放了富田東園），除造園精緻處處是美景之外，最重要的是薰衣草相關產品的製造銷售。精油、化妝水、香皂沐浴乳、蠟燭、乾燥花……產品種類多而且品質好，每一個入園遊客，幾乎沒有空手而回的。

薰衣草臨時站

富田農場最重要的名景是《彩りの畑》，像彩虹一般的花田。我一九九九年初來的時候，穿行在花田之中，賞夠了花花草草，心滿意足的坐在松林間的咖啡屋吃冷麵喝咖啡，涼風陣陣襲來，我舒適慵懶的蜷坐在那兒不想起身。

回來一看照片：

「啊，我怎沒看到這彩虹花畑？」

「誰叫妳只顧著吃啊喝啊發懶啊……」

當下，我扼腕又頓足，心裡決定有一天還要再來。就為了拍這花畑的照片。

沒想到一別十年。

這次，我也是逛遍了每個角落，賞遍繁花似錦。但是，奇怪，怎麼還是沒看到那片像彩虹的花田？出發之前，明明查過富田農場的網頁，確認了花田的開花狀況的。找了又找還是沒找到，失望的就要離開了，突然想到剛

剛拍了一張指示路牌，有這花田的照片，就把它找出來拿著相機去問賣霜淇淋的帥哥：

「阿諾，那個花田……今年有沒有啊？」

「喔，這個花田，過馬路走過去就是了。」

原來彩虹花田隱身在松林之後，一個不小心就要錯過了。真是「好家在」，還好不死心多嘴一問，要不然特地搭了飛機再來一趟還是沒看到，回去肯定會被一群損友笑得唏哩嘩啦歪了下巴。

這一大片如彩虹的花海真是壯觀，設計得匠心別運，十多種不同的花成行種植，織就這彩色地毯，美得令人驚呼讚嘆。我發狠的咔嚓咔嚓猛按快門，好像要把上回沒拍到的缺憾彌補回來……

賞完了這彩虹花田，拍了百餘張照片，吃了薰衣草霜淇淋，這下真的心滿意足沒有遺憾了。之後又去那家林間小屋吃蕎麥麵喝咖啡。

喝著咖啡，我像貓一樣慵懶蜷坐，動也不想動。

空氣裡流漾著薰衣草的香氣。

▎紫色的浪漫

心滿意足的離開富田農場，接下來要去彩香之里，搭計程車一二三〇日圓。在車上我問司機：賞完花要到車站，當地有計程車可搭嗎？

▌NORROKO列車薰衣草號　▌彩香之里

▌フロンティア　フラヌイ溫泉　▌騎著單車去賞花

他說沒有，要搭必須打電話叫車。再問他可否等我們一個鐘頭，他答應了。多此一問，還真幸運哩。

其實，遊過了富田農場再來彩香之里，就會覺得真是小巫見大巫不能比了，但這一大片薰衣草還是頗有可觀的。它也如北星山一樣，可以由高處遠眺中富良野市鎮集落，景觀甚佳。但是停留時間大約半小時就足夠了。回程計程車到中富良野駅跳錶九九〇日圓，徒步至少要三十分鐘，而且彎來繞去不見什麼人影，會越走越心慌的。

搭上復古小火車NORROKO薰衣草號，這是季節限定，每年六月中旬至八月底，在旭川和富良野區間每日三往復運行（其他日期要check運行時間）。木造的觀景車廂很有休閒渡假的氣氛，窗戶是可上下開啟的大片玻璃窗，視野開闊，非常受歡迎。

中富良野到上富良野只有兩站，十五分鐘的車程。中間停靠【薰衣草臨時站】，由這裡步行到富田農場不到十分鐘，省時又省力，可惜這個臨時站不是每班車都停。

而上富良野駅到日之出薰衣草園將近二公里，步行加上找路要二十幾分鐘，計程車八三〇圓。所以，搭計程車應該是最好的選擇！

上富良野據稱是北海道薰衣草的始發地，這幾年他們都主打這個主題做

觀光促進。日之出公園二○○八年夏天曾部份封園，原來是圍起來做為電影《六十歲的情書》的拍片場景。每年七月，上富良野的薰衣草節，最主要的活動便是徵集新人到日之出公園舉辦薰衣草婚禮。

紫色浪漫的魅力的確無法擋，薰衣草季節，這兒成了最熱門的婚紗拍攝地，台灣某家婚紗店在北海道也有駐點，新人則很多來自大陸，聽說婚紗包套的北海道之旅行情正夯。

賞完這個今天的最後景點，也敲了幸福之鐘，我們徒步走回旅館。旅館就在山腳下，只要十分鐘的路程。開了窗，就可以望見公園一角，有時也能聽見隱約的幸福鐘聲。

聽著在廣大曠野裡悠悠迴盪的幸福之鐘，心裡真是滿溢著幸福的感覺。

▌旅行小筆記

幾年前的秋天，我預約田澤湖的民宿時被拒絕了，民宿的主人回信說：

> 截至目前為止，對於來自海外的顧客印象非常惡劣（特別是台灣、中國、韓國），因為預約了之後，當日不來，又不取消，也不聯絡，害我們蒙受重大的損失……

我沒有理由怪他，我瞭解他的善意和熱情一定曾經被嚴重的踐踏過。

拓真館

其實，最早開始抵制台灣背包客的是
美瑛和富良野地區的民宿，原因就是
失格的旅人為後人種下的禍根。

民宿的經營，原本就是建立在人與人
相互的信任和體貼上。我初次接觸日
本的民宿時，心中深受感動，互不相
識的雙方，憑藉著一個E-mail帳號或
一通電話，就可以立下約定，互信互
惠也互助，這是何等高貴的品德。

所以，當你行程變更或取消時，一
定要設法通知對方。你有辦法預
約，一定也有辦法取消，這是道
德，也是責任。

■ INFORMATION 旅遊資訊

富田農場

地址 | 北海道空知郡中富良野町北星

電話 | 0167-39-3939

費用 | 免費開放，自由參觀

交通指南 | 距離JR中富良野車站約2公里，步行25分鐘或轉乘計程車。自夏季臨時站薰衣草花田站，步行約7分鐘

日之出公園

費用 | 免費開放，自由參觀

交通指南 | 距JR上富良野車站約1.6公里，徒步20分

拓真館

地址 | 上川郡美瑛町拓進

電話 | 0166-92-3355

費用 | 免費開放

交通指南 | 距JR美瑛站10公里，開車15分鐘，騎腳踏車約60分鐘

フロンティア　フラヌイ溫泉民宿

地址 | 北海道空知郡上富良野町新町4-4-25

電話 | 0167-45-9779

費用 | ￥9800／人～（一泊二食）

交通指南 | 自上富良野車站徒步約15分

商務旅館的幸福早餐

如果我說第二次到釧路來，原因竟是為了某家商務旅館的早餐，你會相信嗎？

在日本自由行，通常我會選擇有供應早餐的商務旅館，第一要件必須感覺物超所值，至少在網路上的資訊看來平價又優質，而且早餐值得期待。從最早期的青年旅館，到東橫inn，到各個連鎖商務旅館，或民宿，在不同的宿泊處享用不同的早餐，也是旅行途中無可取代的一種樂趣。

旅行時，我喜歡早餐甚於豐盛的晚餐或午餐，或許是經過一夜好眠，消除了旅途的疲憊，通體舒暢神清氣爽，又不用自己張羅就有早餐可吃，感覺特別的幸福，彷彿得到了極大的恩寵。

青年旅館的早餐簡單，但有沙拉有蛋有麵包有咖啡，就已經很能滿足旅人的基本需求了。第一次吃到東橫inn的飯糰和味噌湯時，看著歐巴桑一邊忙著做飯糰還不忘招呼你，除了覺得美味外還有幾分由衷的感動，飯糰裡好像滿含著媽媽的味道。

然而旅程中每天都吃飯糰也會膩的，所以一趟行程下來，我通常都只預約一天或兩天的東橫，再搭配其他的商務旅館和溫泉飯店。

連鎖商務旅館例如Route Inn、Comfort、Washington這樣的平價旅館，早餐都很不錯了。我喜歡大量的生菜沙拉，像食草動物一般吃它一大盤，一天的蔬菜量大約就足夠了。

遇到最寒簡的一次商業早餐，是四月櫻花季住在京都鴨川畔的一家老式旅館，早餐盤上擺著兩片很小很小的日式煎蛋捲、兩片醬蘿蔔、三顆小小的酸梅、幾片海苔、味噌湯，以及一碗米飯，就這樣，要價三百日圓。我寧願他收五百或六百，讓我吃好一點點。用完餐，一位年約六十歲的男經理來收盤子，還用華語問我說：「好吃嗎？」害我瞠目結舌，不知要點頭還是搖頭。

記得二○○二年我到釧路，就投宿在JR釧路站右側的這家「老爺商務旅館」（Royal inn），事先做了功課，知道這家旅館新開幕不久，而且早

▍釧路 Royal inn現做的早餐麵包

餐在樂天訂房網站上頗獲好評，連續
幾年得獎。雖然我們訂的是最便宜的
房間，很小，但很乾淨舒適，從窗口
望出去就是教堂、JR車站和釧路的主
要街道。果然，早餐的現烤麵包美味
到讓人鼓舌讚嘆，再加上附近牧場出
產的牛乳、好喝的柳橙汁，最後再來
一杯咖啡，真令人心滿意足，心裡有
一個聲音悄悄響起：有機會我一定還
要再來。

就為了早餐麵包？

是的。或許應該說是麵包的悠遠滋
味，觸動了心底的某根神經吧，牽
腸掛肚懷念至今。所以，結束了富
良野的賞花行程之後，我們兼程趕
到釧路。

站在駅前廣場一望，釧路街景有些
改變。很醒目的是Route inn聳立在
車站前的正面位置，向左依序是
Comfort、東急、Super inn，中央大通
上還有東橫inn，和幾年前左東急右
老爺的局面已大不相同，看樣子商務
旅館的市場競爭越來越嚴峻了。

期待的早餐還是沒讓我失望。可能

▌釧路Royal inn
▌小樽 dormy inn的早餐自己動手做海鮮丼

▌有哪樣我能放棄不吃呢？吃下這份早餐十足飽腹，午餐就可以省了

▌我對早餐的期待常常勝過午晚餐

▌做海鮮丼的材料有海膽和鮭魚卵喔

由於競爭的關係，該有的都有，還增加了許多品項，和洋兼備，有沙拉、米飯、飯糰、味噌湯、煎魚、煮物、漢堡、炸雞、牛奶果汁咖啡……等等等等。

我最喜歡的還是現烤麵包，以前的那位麵包師傅不見了，換成一位高大英俊像外國人的帥哥，可惜我不好意思把相機對準他，只敢對著麵包咔嚓咔嚓（是經過徵詢同意的喔）。

這次旅行，在小樽也訂到一家新開幕的超值旅館「燈の湯 dormy inn」，風呂設備不輸小型溫泉旅館，早餐除各種和洋菜式，還可以自己選擇食材做海鮮丼、生魚片、紅尾蝦、鮭魚卵、海膽……任君搭配。

我一向認為日本人的日常行事都很節制有禮，不會像我們一高興就得意忘形哇啦哇啦個不停，但本來站在我後面的一個歐巴桑一看到海膽，就一直「烏泥烏泥」（うに）輕呼個不停，並且立刻跑到我前面去趕快下手為強了，「烏泥」（海膽）的無敵魅力真叫我開了眼界。

另一次的驚喜早餐則是在上諏訪溫泉的KKR諏訪湖莊。

一進餐廳，看到黑木長桌上一字排開的黑色網格罩子，罩子裡是盤盤碟碟的各色餐點，菜色簡單但十分豐盛，一算竟有十幾碟，尤其那黑色的罩子，很像台灣早期農村的小菜籃倒扣著，顯得非常別緻高雅，讓我心中湧起一股無法形容的感動。

諏訪湖莊的晚餐也很物超所值，不斷端上的現做煮物、炸物，還有火鍋，以及自助吧臺上吃了太撐不吃遺憾的美味餐點。

吃飽喝足捧著肚子離開時，料理

KKR諏訪湖莊的早餐讓人驚艷

KKR諏訪湖莊

長揮著汗匆匆跑出來鞠躬致意。原來他聽說我們來自台灣，也因為我剛剛和他打過招呼讚他手藝好。

忙不迭的鞠躬回禮之際，心裡的聲音又響了起來：「有機會我一定還要再來……」

■ INFORMATION 旅 遊 資 訊

釧路Royal inn
地址 | 北海道釧路市黒金町14-9-2
電話 | 0154-31-2121
費用 | ￥4990～／人
交通指南 | JR釧路駅右側，徒步1分

小樽燈の湯dormy inn
地址 | 北海道小樽市稻穂3丁目9-1
電話 | 0134-21-5489
費用 | ￥5000～／人
交通指南 | JR小樽駅左前方，徒步1分

上諏訪溫泉　KKR諏訪湖莊
地址 | 長野縣諏訪市湖岸通り5-7-7
電話 | 0266-58-1259
費用 | ￥8480～／人，一泊二食，依房型和淡旺季有所不同。
交通指南 | JR中央線上諏訪駅徒步15分

情迷釧網本線

相較於日本其他地區，北海道算得上是地廣人稀天寬地闊，自然生態豐饒生機旺盛，所以日本人慣稱這片土地為「雄大な自然のふるさと」，廣大的自然之原鄉。

目前北海道尚無新幹線，當地居民一再向政府抗議請願，希望能早日開通新幹線，讓他們也能享受交通的便捷舒適，所以新札幌、新小樽、新旭川……等等新幹線停靠的車站都已建好了，就等子彈列車飛馳前來。宣稱東京到札幌四小時十分鐘，朝發午至，如此一來北海道和東京首都圈也能連成一日生活圈了。

且不管新幹線的事吧，在北海道，尤其是道東，旅行不必如子彈飛馳，首先要把腳步放緩下來，收斂起急躁的性情，享受難得的悠閒適意。

運行於釧路和網走之間的釧網本線，就是一條很適合慢遊慢賞的鐵道之旅。火車穿行在廣大的濕原間，有些路段更會傍著釧路川而行，自然風光無與倫比。

這一大片濕地國家公園占地二一○平方公里，是蘊藏許多珍稀動植物的寶庫。夏綠秋黃，冬天則一片皚皚雪原，更顯天地壯闊，四時景色絕倫。

釧網本線是單線路軌，只在幾個重要的車站會車，看來交通並不繁忙。釧路和網走之間快速列車每天只有一班次來回，但快速和普通車也只相差二十分鐘而已，所以毋需介意快車慢車的問題，心情放輕鬆、慢慢玩賞就是了。

| 釧路濕原號 | 熱心的列車長為乘客拍照 | 釧路濕原號車廂內布置了知床的動物布偶 |

| 釧網本線大部份是單線路軌

除了平日運行的普通列車之外，在特定的季節特定的路段還會加入復古的NORROKO列車，例如夏秋行駛在釧路和塘路之間、或釧路和川湯溫泉之間的「釧路濕原號」，以及冬天行走在知床斜里到網走之間的「流冰號」。這種列車和富良野的薰衣草號是同樣的車種，有著上下開闊的大片玻璃窗、木頭座椅，視野開闊寬敞，充滿著假期的休閒氣氛，難怪受到旅人和廣大鐵道迷的歡迎支持。

更受歡迎擁護的則是冬季行駛在釧路到標茶、川湯溫泉之間的「SL冬の濕原號」，黑頭燃煤機關車拉響汽笛，噴著白煙呼哧呼哧的奔馳在皚皚雪地中，這樣的場景光憑想像就令人十分神往，何況還可在車廂裡BBQ，每一個車廂都設有石炭烤爐，不妨在車上買些鮭魚片、魷魚干烤來吃，滿車廂飄散著焦香氣味，動人食指，旅行的快樂又加了幾分。

鐵道風情營造得這般淋漓盡致，難怪鐵道迷都愛這條釧網本線，「鐵子」（對超級鐵道迷的暱稱）們更是追逐捧場，足跡踏遍每一個車站，對於哪個路段哪個地點哪個角度能拍出最好的火車照片，說來得意洋洋如數家珍。能夠碰上天時地利種種良好機緣，萬事俱備，而拍出一張無懈可擊的好照片，的確是件值得興奮和津津樂道幾日夜的事。

可惜短期旅行的我沒這個機會和條件，只能隨遇而安的悠遊幾個景點。幾年前我也搭過釧網本線的知床斜里到網走、以及釧路到塘路這一段。這次則準備花個一天半到兩天的時間，再來回走一趟釧路到川湯溫泉的行程，不打算到網走去了。

如果想要去細岡展望台，那麼就在釧路濕原站下車，徒步到展望台，然後走到細岡駅再搭車到塘路去。或先到塘路，遊賞過塘路湖，回程再停留細岡展望台。

最重要的是要查好時刻表，不要錯過最後一班車。而且別忘了安排一趟NORROKO復古小火車，享受一下遺忘時光的古典情懷。

塘路湖是個十分幽靜優美的地方，幾條小棹泊在岸邊，湖水靜

藍，水波不興，疑是人間瑤池。湖畔建有遊客中心和露營場，但平常時候來客不多。我和朋友在回程時突發奇想不循原路，穿過了小森林和墳地，越走心越慌，如今想起仍覺心中發毛，所以如要前往，宜結伴多人同行，才能讓快樂加分並兼顧到安全。

由釧路濕原站到細岡展望台，也是穿過雜木林，綠蔭清涼，鳥鳴啁啾，不知不覺就來到了展望平臺，但見眼前平野開闊，濕地生機盎然，釧路川蜿蜒流過，遠方則是阿寒連峰與雲天相接。幸運的話還能看見一輪夕陽自地平線緩緩沉落。

釧路濕原站→細岡展望台→細岡站，徒步大約一個多小時可完成，得視個別狀況增減。

如果時間不夠，或不想下車，那麼就跳上隨意一班釧路出發的NORROKO釧路濕原號，到終點塘路站有時會停留二十多分鐘，然後原車掉頭開回。

▌流冰號（日文Wikipedia）　▌冬之濕原號（日文Wikipedia）

來回兩個小時的車程，坐在車上欣賞濕原景色也是十分寫意的，窗外野花遍開，吹進來的風彷彿是綠色的，帶著花香草香。車廂裡不時驚聲四起，原來，看到了母鹿帶著小鹿站在水塘邊睇著你，害你驚喜得心臟砰砰跳卻來不及舉起相機。

回到釧路，可能還來得及去逛和商市場和丹頂市場，買些海產乾貨回家當伴手禮。當然也可以吃個拉麵或海鮮丼解決晚餐。

▌夏日風物詩～爐端燒

但是既然來到釧路，如果有伴同行，那麼建議你找一家居酒屋小酌一番吧。

釧路有許多稱為「爐端燒」「炉ばた」的燒烤店。特別要推薦的是位於幣舞橋畔MOO廣場旁的《岸壁炉ばた》，自午後五時營業到十時，帳蓬搭起的空間，傍著停泊的漁船，幾盞燈籠映照著釧路川的河水，波光盪漾，晚風生涼，讓人無比舒暢。點幾條魚、蝦、貝、幾枚青椒野菜，再點一杯生啤，邊手忙腳亂的顧著炭火邊舉杯邀飲，還要一邊偷聽周遭興高采烈呼盧喝雉划的是什麼拳……啊啊，真是一頁難忘的北海道夏日風物詩。

第二天，還是釧網本線。

搭一日一來回的快速列車，停留川湯溫泉駅和摩周駅，沒什麼特別目的，只是想要延伸一下行程，看看沿途風光，或者泡個足湯。之所

岸壁爐端燒

以先停留川湯溫泉再到摩周，是因為回程車班接續的問題。

一下車踏上川湯溫泉駅的月臺，立刻就有像是工作人員的歐巴桑前來招呼，哇啦哇啦一大串，說得又快又急，我一句都沒聽懂，大概是遊說我們去搭觀光巴士吧。我說只停留一小時，她立刻死心閉了嘴。

出到車站外面，看到一輛巴士掛著「實驗觀光巴士」的牌子，尚在實驗中啊？難怪歐巴桑那麼急切的招攬，不知它跑的是怎樣的路線？川湯溫泉附近的景點有硫黃山、摩周湖和屈斜路湖（砂湯），離JR站都不算遠，但是如果照屈斜路巴士那樣的走法，必須自己掌握時間分次搭乘，是十分不方便的，觀光巴士若能夠把這些景點串連起來，對旅人來說倒是福音。若有三、四個人同行，那麼包輛計程車應該也是很實惠的選擇。

如果要遊道東三湖（阿寒湖、摩周湖、屈斜路湖），則可由釧路出發，參加阿寒巴士一日遊的行程。或乾脆搭巴士由釧路到美幌（或反向而行），途中在阿寒湖畔住宿一晚，也是很理想的旅程。

川湯溫泉車站旁設有足湯，感覺很像用漂流木搭蓋的違建，充滿古趣。牆上掛著許多牌子，是說那些團體的會員都會來這裡泡腳嗎？或是打包票推薦，肯定足湯的療效？

川湯溫泉站的咖啡屋

川湯溫泉車站的建築頗有年紀了，辦公廳舍在一九八七年改裝為餐廳，名為《喫茶室オーチャードグラス》，中譯「蘭花草」。推開門一看，高朗的天花板、古樸厚實的吧台和古典傢具、帶有煙囪的壁爐，處處流漾著往昔歲月的典雅風情，而鑲嵌彩繪玻璃的格子窗正搖動滿窗綠意，誘惑著我舉步跨入……

為了降低營運成本，釧網本線大都是無人小站，有許多像這樣由站務辦公室改裝而成的餐廳，例如塘路、止別、浜小清水、北浜、藻琴……，都很具古樸懷舊的意趣，主人也很有個性，反而成為遊客喜歡造訪的景點。

來到摩周站，到服務台問摩周湖離這兒有多遠？要怎麼去？那位女士說剛好有一班巴士……話還未說完但見車子已絕塵而去。也沒關係啦，原本就沒打算要去的，因為幾年前已去過了。不過如果真想去看一看摩周湖，賭一下是晴湖或是霧湖，用來測測自己晚婚或早婚（據說如果看到的是晴湖就會晚婚喔），那麼這個巴士的行程倒是不錯的，每日四班次，由摩周站出發，在第一展望台和第三展望台各停留十五分鐘（兩個展望台之間以計程車接送），然後返回車站，總共費時七十分鐘，一點不拖泥帶水，十分精簡方便。

再來就去泡泡足湯，然後吃飯去囉。車站左前方的《ぱっぱ亭》，拉麵好吃，還賣牛丼、豚丼便當，以道產十穀米和炭烤豬排做成的豚丼便當是摩周名物。

茅沼車站也是個無人小站，卻是全國知名，是有機會幸遇丹頂鶴的車站喔。秋冬季節，運氣好的話可以拍攝到丹頂鶴傍依著列車的絕景。丹頂鶴タンチョウ，愛奴人稱之為「濕原之神」，主要棲息地之一就是釧路濕原。

丹頂鶴曾經面臨滅種危機，一九九六年大雪最嚴酷的那一年幾乎滅絕，幸有茅沼駅站長放餌餵食，才免於全數滅絕的命運。因而使得茅沼車站以《タンチョウに會える駅》（幸會丹頂鶴的車站）的特色名揚全國。後因政府及民間全力復育，現存約有千餘隻。很用心保護丹頂鶴的當地

▌彩繪玻璃壁飾　▌「蘭花草」的內裝很古色古香　▌美麗的窗

▌古董壁爐

幣舞橋上的雕塑

居民特別呼籲大家要節制，遠遠觀賞就好，不要驚擾了這批嬌客。

回到釧路之後，我繼續行程去帶廣和十勝川溫泉。

▋釧路慢漫遊

你問我釧路還有哪些好玩的地方嗎？

MOO購物商場、EGG、幣舞橋上的四座春夏秋冬女神雕像、平和公園，或是港文館、博物館等等，都值得一遊。

如果你喜歡詩人石川啄木，那麼就走過幣舞橋去，南大通兩側處處是石川啄木的歌碑。石川啄木就任釧路新聞社記者，不過短短七十六天就因水土不服回東京去了。釧路人對石川可真是禮遇備至，總共為他建了二十五座歌碑，這樣的際遇真要羨煞許多苦吟的寒士！

不過這位才華洋溢的文學家卻是天不假年，一九○八年他二十二歲來到小樽、札幌、釧路，二十六歲因肺結核病逝於東京。如彗星一般滑過天際的早逝詩人，令人不勝唏噓！

釧路市濕原展望台

以釧路川貫穿其間的釧路濕原國立公園，廣達26861公頃，大小相當於東京巨蛋5635倍大。區內約有二千種動植物，其中包含特別天然紀念物的丹頂鶴，和數種珍貴的動物，是觀察自然生態的最佳自然教室。位在釧路濕原西側的釧路市濕原展望台裡展示著豐富的濕原形成資料和照片，除了可在展望臺上瞭望濕原景觀外，還可以沿著展望台旁邊的步道走入釧路濕原。

地址｜北海道釧路北斗6-11

費用｜￥400

交通指南｜從JR釧路站旁的阿寒巴士總站搭乘往「鶴居」或「川湯」方向的巴士，約35分鐘在「濕原展望台」下車（巴士班次很少，所以最好先查好回程時間）。

JR川湯溫泉駅喫茶室オーチャードグラス（蘭花草）

地址｜JR川湯溫泉駅內

電話｜015-483-3787

費用｜咖啡￥420、蛋糕＋飲料￥750

ぽっぽ亭

地址｜JR摩周駅左前方，徒步一分

電話｜015-842-2412

費用｜豚丼便當￥1050，拉麵￥890

和商市場

地址｜北海道釧路市駅金町13-25

電話｜0154-22-3226

費用｜8：00～18：00（定休日：星期日）

釧網本線
喝咖啡泡足湯

JR釧網本線是貫通北海道釧路和網走之間的鐵道線，全長一六六點二公里，經過三個國家公園和廣大的濕原地區，有一段路還傍著鄂霍次克海前行，景色壯麗優美，令人驚艷。

由於地廣人稀乘載量太少，鐵道的經營十分艱困。為了降低營運成本，釧網本線有許多車站陸續成為無派駐人員的小站。我搭快速列車通過時，不時可以從車窗望見一些迷你小站，都是小小的木屋，有些甚至老舊失修，可以想見經營的困窘。

但是這些迷你小站卻彷彿微笑著向你招手，邀請你走近她。有些車站廳舍在人員撤走之後改裝成餐廳或喫茶室，創造出另一個春天。而有些則另有特色，設置了足湯，或開發了一日遊半日遊的行程，以吸引

NORROKO列車就要開（沈君帆）

塘路駅

▎ 小小的五十石駅 ▎ 有機會看到丹頂鶴的茅沼駅

▎ 1996年嚴冬酷寒丹頂鶴幾乎滅絕 ▎ 北浜駅是最靠近鄂次克海的車站

來客。例如摩周站和川湯溫泉站，都很讓人驚艷難忘。塘路站也是，那個駅內咖啡吧的主人森田先生酷酷的，你要和他聊得很投緣，他才會讓你拍照。

▌釧網本線上的迷你小站

浜小清水站，二〇〇〇年十二月和公路站併設，附設的餐廳「汽車ポッポ」已經做出了名氣，料多實在又美味的海鮮烏冬麵和甜點是熱賣的人氣商品。

原生花園站則是夏期臨時站，只在五月一日至十月三十一日停靠列車。駅舍是一座歐式小木屋，站前的沙丘芳草翠碧，各色野花盛開，鄂霍次克海海岸一路迤邐而去，不遠處即是頗獲好評的原生花園YH。

夏日晴和，很多人在這個美麗的小站下車，在沙丘上或行或止自在遊賞，那一幅美好的畫面，引誘得我也想跳車去加入。由浜小清水站到原生花園站的這一段，可說是最美麗的鐵道了，花開如錦繡，絕美景色無與倫比。

過了知床斜里之後，有些路段列車就傍著鄂霍次克海前行，沿途可以欣賞壯闊的海天景色。北浜駅，正是釧網本線最靠近鄂霍次克海的車站。

北浜站也是個無人小站，名為「停車場」的餐廳在一九八四年開業，是釧網本線第一家駅舍改裝而成的餐廳。餐廳內的佈置完全依照舊式車廂的形式裝修，木製的列車座椅、天花板上旅轉的古老電扇……處處充滿了懷舊的氣氛。餐廳老闆據說是在地的料理人，精擅廚藝，「停車場午餐定食」、以新鮮海味為食材的「鄂霍次克拉麵」，都深深擄獲了慕名而來的旅人的心。

▌完美行程「足湯之旅」

想要把這些迷人小站在一天之內探訪完，好像不是一件簡單易行的事，因為釧網本線除了少數幾個站可容許雙向會車之外，其他都是單線通車，兩車次之間相隔起碼兩個小時，行程安排非常不容易。

我研究釧網本線的時刻表，終於發現了一個大驚喜，有一班列車叫做「摩周＆川湯溫泉足湯めぐり號」（摩周、川湯溫泉足湯之旅），途中在摩周站和川湯溫泉站各停留十多分鐘，讓旅客下車去泡個足湯再繼續行程。這班列車十三時二十分由釧路發車，我安排了這樣的行程：

釧路13：20→摩周14：45，下車泡個足湯。15：06發車→川湯溫泉15：22，再下車泡足湯，說不定也來得及要「蘭花草」為你煮杯咖啡帶走（保險的做法是自帶杯子）。15：40發車→16：57到達北浜站，吃個晚餐賞個海景，再搭下一班車18：32→網走18：40（注意，這是夏期平常日的列車時刻表）。

呵呵，真是超完美的行程。

當然你也可以不到北浜，而選擇在原生花園站或浜小清水站停留。不過要留意，務必搭下一班車到網走，因為再下一班車又是兩個小時以後，時間太晚了，可能只留下你一個人在黑暗的無人小站等車。

如果不到網走，那麼可以採用另一個行程：

釧路09：05→川湯溫泉10：35，下車泡足湯，到駅喫茶室「蘭花草」喝咖啡，11：39發車→摩周站11：54，下車到「ぽっぽ亭」吃午餐，或買個豚丼便當，再泡個足湯，13：48發車→14：38到塘路站，到處逛逛，再搭NORROKO釧路濕原號，15：06發車→釧路16：00

這也是完美行程，咖啡喝到了，足湯泡到了，又吃了午餐買了便當，還搭NORROKO列車，盡賞釧路濕原的美麗景色。

知床旅情

▌天地盡頭人間祕境

當知床岬的濱茄花開的時候

或許你會憶起昔日舊遊

我們曾歡飲嬉遊，攜手同登山丘

倘佯春夜，遙望國後島初明的曙光

……

或許是因為《非誠勿擾》這部電影的關係，北海道知床的旅遊突然熱門了起來。劇中人物鄔桑邊開車邊哽咽哼唱著的，就是「知床旅情」這首歌。讓人不禁懷想起，濱茄花開遍的北海道知床半島，究竟是怎樣的一個地方呢？

知床，愛奴語是「天地的盡頭」之意，位處北海道邊陲，是自然的祕境。對我來說更是陌生、神祕，而且遙遠，從來沒想過要去，因為感覺上實在太遙遠太荒僻了。

那年暑假大概是太無聊了吧，炎炎長夏想不出該躲到哪兒去讓快冒煙的頭殼涼一涼，和朋友在電話裡三說兩說就決定了要去知床半島。我們由東京羽田空港轉女滿別空港，然後搭巴士直奔「宇登呂」而去，因為「宇登呂」正是進入知床半島的門戶，而且據稱是

不錯的溫泉鄉。飛機抵達時間是上午十時三十分，剛好趕上一天一班，行走於女滿別空港和斜里、宇登呂之間的知床線巴士，需時二小時多。

車過知床斜里之後就沿著海岸行駛，左手邊便是煙波浩渺輕濤拍岸的鄂霍次克海。途經入選日本瀑布百選的Oshinkoshin瀑布時，司機還特地停車五分鐘讓乘客下車拍照。

出了宇登呂巴士站，朝四處張望了一下，車站對面果然有一家規模不算小的民宿。尚有空房，而且價錢合宜，和室

▌宇登呂巴士站前的民宿

房間也寬敞乾淨，就毫不猶疑的
入住了。

放下行李，先去預約明天的知床
五湖觀光巴士，然後逛了幾家民
藝店，途經Oconko巨岩，信步走
到宇登呂港口。

近黃昏，鄂霍次克海輕舞著微波
細浪，陽光還很刺眼，閃閃躍動
著波光。港灣裡靜靜停泊著兩艘
收工的觀光船，遊客都離去了，
依稀有幾分曲終人散的氛圍。

宇登呂是個漁港，卻和印象中的
漁港很不一樣，整整齊齊乾乾淨
淨，空氣裡沒有一絲魚腥味，水
面和碼頭上也沒看到油跡汙漬，
一個漁夫拿著水管正在沖洗他的
船和岸邊的水泥地，一絲不苟。

從漁港回來，還是途經Oconko巨
岩，本來想奮力鼓勇攀爬上去欣
賞鄂霍次克海的夕陽，但我們有
更好的地方要去。我們去尋〈夕
陽台溫泉〉，這是此次旅行的美
麗想望之一。找資料的時候得知
這個〈夕陽台溫泉〉立地絕佳，
可以一邊泡湯一邊欣賞鄂霍次克
海的夕照絕景，心中真是興奮莫

▎宇登呂民藝館
▎宇登呂漁港

| 知床大橋　| 知床半島的火山群主峰羅臼岳，是日本百大名山　| 知床峠（北海道寫真）

名，還幻想著可以端一杯名為《夕顏》的酒，邊泡湯邊吟詩賭酒哩。人生至樂，快何如之？

找到了〈夕陽台溫泉〉，興匆匆買票入場。一進到湯池裡，向外一望哪有什麼夕陽？景觀都被高高的樹林擋住了，再怎麼伸長脖子也看不到。而且怎麼感覺溫泉水有個奇怪的味道，難以形容的騷臭味，H說可能是特殊的植物溫泉吧，但我實在泡不下去了，就起身穿衣來到櫃台前問那個笑咪咪的美眉，我問她這溫泉是天然的嗎？她笑咪咪的回答我說是天然的啊，但部份溫泉水是循環再利用。

哇哩咧，難怪剛剛遍尋不著流動的出水口，原來是一灘死水啊？而且說不定是一鍋陳年濃湯，混雜著汗水、尿液、口水，百味雜陳……嚇得我魂飛魄散頭也不回立刻奪門而出。回到民宿，跟櫃台的阿伯說起此事，他說【宇登呂】的溫泉量越來越少了，所以大都循環再利用。他還說這民宿裡的溫泉最好啦，是有益健康的藥湯喔。

我衝進湯屋拚命刷洗，但那一鍋淺褐色像青草茶的藥湯，我碰也不敢碰了！

▎像鑽石一般美麗的湖泊

遊覽知床半島,不同的時期可以有不同的選擇:

　　1.搭觀光船繞行半島海岸,觀賞奇偉險峻的火山熔岩地貌,以及珍稀林相和飛瀑流泉。冬天還可以搭破冰船出海看流冰。

　　2.事前預約,跟隨專任嚮導進入知床五個湖區遊賞。

　　3.自行開車或搭路線巴士前往,必須研究清楚遊園的相關規定和限制。

　　4.搭乘定期觀光巴士,不過也只能行走高架木棧道遊覽一湖,不能深入其他湖區。也可夜間前往,於車內觀賞夜行動物和觀星。

我選擇的是搭乘定期觀光巴士。

知床半島是第二十二座日本國立公園,並於二〇〇五年獲登錄為世界自然遺產。導遊說這個國立公園面積約三八六三三公頃,幅員廣袤,原生林和海洋、湖泊裡蘊藏無限生機,有許多珍貴稀少的動植物,是大自然的寶

庫，為了避免破壞生態環境，對外開放的只是一小部分，大部份區域是禁止遊客進入的，所以「自然祕境」如今仍然是名副其實的祕境。

車行途中，不時看見密林裡有野生動物出現，擋路的北狐狸、全家嬉遊的蝦夷鹿，聽說這幾天還發現「羆」（ひぐま）的蹤影，希望我們不要幸運遇上。我不知道「羆」是什麼？看了簡報才知道原來是棕熊。

觀光巴士首站來到知床岬，在這裡可以遠眺知床岳、羅臼岳。然後經知床大橋前往硫磺山地層湧出的Kamuiwaka溫泉瀑布。遠遠即見湯煙繚繞水聲嘩啦，水量豐沛的溫泉瀑布從蓊鬱綠林中奔瀉而下。

導遊說要溯溪最好換上防滑的「Tabi」，以免滑倒。有些遊客自備止滑鞋和手套，一旁的路邊攤也出租草鞋，我想起台灣民間穿草鞋的習俗並非吉事，心中有疙瘩，所以不想穿，寧願赤了腳溯溪。一踏入溫泉溪流中，那種感覺真的

瑤池幽境

非常暢快，腳底岩石被水沖刷得麻利麻利，並不溜滑，但有些卵石長了苔，還是必須小心行走。H看到旁邊設有簡單的更衣間，立刻去換上泳衣躍入溫泉溪流中，看她一臉陶醉樂在其中的幸福表情，真叫人躍躍欲試。但我嫌脫衣穿衣麻煩，終究沒泡成這露天野湯。

到達知床五湖之前，導遊一再叮嚀包包裡不可有食物，以免熊跑出來搶食傷人，最好買個鈴鐺一路輕搖，提醒熊不要靠近，原來人怕熊、熊也怕人啊。

知床五湖是五處窪地聚水成湖，湖水並非河川匯聚，而是由雨水雪水和地底湧泉形成，周遭生態旺盛活潑，涵育著許多珍稀動植物。湖水或碧綠或晴藍，的確就如愛奴族所形容的，像五顆晶瑩璀璨的鑽石，邀得人們寶愛珍惜。

漫遊五個湖區大約需時二小時，但因有些地區有獸蹤出沒，也怕過度驚擾了野生動物的作息，所以一般都只開放三個湖區，行走時間一個小時。

▌知床五湖是靜謐的人間祕境　▌出租草鞋　▌知床五湖

循著木造步道前行，沐在原生林的芬多精裡，大化寂然，惟涼風習習鳥啼數聲，不愧是人間仙境。比較殺風景的則是不時傳來鈴聲叮叮，是為驅避熊羆而搖動的鈴鐺，對於野生動物來說，這也是討厭的干擾吧？

五湖遊罷，我們即前往網走。隔天取道美幌，搭乘阿寒巴士經美幌峠、屈斜路湖、硫磺山、摩周湖，到阿寒湖去。

▋斜里町的知床半島自然復育百年大計

我必須承認，那年旅遊知床半島時，對於這個自然祕境並未有太大的感動和尊重，像一般遊客一樣，匆匆去來，印上足痕便離開了，它只是旅行地圖上的一個小點。後來是因為寫這篇文章查尋資料，無意中闖入北海道斜里町的網站，才發現這個深深震撼我心的自然復育百年大計。我真的不敢相信在這世間竟然會有人為了保護自然環境而擬定百年計畫，並且一步一腳印的去落實去實踐。光憑著這樣的勇氣和傻勁就足夠叫我慚愧和由衷的敬服。

事情的發生是這樣的：

一九六四年，知床成為日本第二十二個國立公園，再加上「知床旅情」這首歌的廣為流行，使得知床半島名氣大增，備受世人矚目，許多遊客紛紛湧入，也吸引來投資客藉由《日本列島改進論》的倡議，大肆收購國立公園內的私有土地，進行炒作開發，使得自然生態面臨極大的危機。一九七七年，當時的斜里町藤谷豐町長眼見國立公園的原生林遭受極嚴

三湖 四湖 二湖 五湖 一湖

▌祕境（知床五湖官網）
▌知床五湖像五顆晶瑩美鑽（知床五湖官網）
▌幽靜的知床五湖生機盎然（知床五湖官網）

的破壞，認為非立即阻止私有土地開發、並進行森林保育不可。他借鏡英國的「國民信託」方式，在日本率先倡行國土信託計畫，經由制定法律、傳媒宣導，成功的推動了《知床一○○平方米國民信託運動》。

這個信託運動是個百年大計，詳擬短、中、長程計畫，目標一百年兩百年甚至更長久。以二十年為一個階段、五年為一個作業時程。第一階段的土地信託是以一百平方米八○○○日圓為一單位認捐，募得資金購買私有土地並進行植樹造林。此計畫已於一九九七年圓滿達成，共有四九○二四人響應這個行動，募集資金五億二千萬日圓，成功購回四六○公頃私有土地、植樹四十三萬平方米，並簽訂「讓渡不能」條例，永久交付信託管理。

目前正進行的是《知床一○○平方米國民信託運動》的第二階段「森林信託」，計畫在二十年內完成「原生林的再生」、「生態系的復元」、「人與森林的交流」，希望因為錯誤開發而失去的原生林能夠回復從前的樣子，希望野生動物回到森林裡，希望重建森林河川湖海的活潑生態體系，希望人們與自然水乳交融和平共處……

　　「你要在知床買一個夢嗎？」

　　（しれとこで夢を買いませんか．）

「你可以提前一〇〇年、二〇〇年看見夢想的森林，你要參加這個行動嗎？」

（あなたも一〇〇年、二〇〇年先によみがえった森林の姿を夢見て、運動に参加しませんか？）

這樣的勸誘宣導，真是讓人動容，成功激發了全民的築夢行動。讓我感動的是超越個人生涯的一〇〇年、二〇〇年長程計畫，做的是造福人群的百世基業，沒有大智慧的人是絕對做不到的。這種國民信託行動後來陸續有人發起，例如大都由小朋友捐贈的《龍貓故鄉基金》已在東京附近買下三座森林，希望龍貓有一天會回到森林裡來。有人認為這是欺騙小孩築一個荒誕的夢，我卻覺得不失為一個可愛的環境教育方法。

國內也有人做，十多年前【荒野保護協會】曾經發起過類似的國土信託行動，號召「捐一塊錢，美麗寶島交託你我手中」，成果如何不太清楚。遺憾的是我至今未曾看到國人有像《知床一〇〇平方米國民信託運動》那樣的長遠計畫，以及執行上的落實與堅持。

熱情是有的，卻總如國慶煙火，璀璨一時，之後不了了之。

▎旅行小筆記

由於每年湧入五十萬遊客，對知床國立公園已造成嚴重的負擔，眾人擁擠踩踏，破壞植被、驚擾自然的生態系統，因此日本環境省宣佈自二〇一一年起，每年的五月十日至十月二十日採取流量管制。五月十日至七月三十一日「棕熊活動期」每日限三百人，必須預約登錄在案的專任嚮導隨行，每人收費五千日圓。八月一日至十月二十日「植生保護期」則每小時限制客流三百人，遊客可先行預約或當場提出申請。

也就是說，自二〇一一年起，遊賞知床五湖有了很大的改變，增添了一些新設施和限制，例如高架木道，例如某些時段必須有專業的嚮導隨行，遊客不能再像以往一樣隨心所欲的進入。這樣的改變其實是好的，可以保護生態環境並且保障遊客的安全。如果並不執著於非得要深入五湖景區去探祕，企圖揭開祕境的神祕面紗，那麼高架木道只要是開園期間都是可以利用的，行到一湖即止，順著步道走到這裡，就像來到天地的盡頭，輕輕敲叩天堂的門，心裡已經覺得非常滿足了。

知床五湖官網做得非常好，資訊簡潔明白十分有用，臨行前上網查一下，做好充分準備，以確保行程的順暢。

有關知床五湖散策的規定

期間	植生保護期 開園-5／9	棕熊活動期 5／10-7/31	植生保護期 8／1-10/20	自由利用期 10／21-閉園
高架木道	往返停車場至一湖之間的安全高架步道，約800米。開園期間免費通行，自由遊賞。			
地上 遊步道	**A途徑：** 五湖～一湖，1週約3公里，需時90分 預約制，可現場申請。並需聽取大約10分鐘的入園説明，收費￥250	預約制。必須預約專任嚮導，收費￥5000	**A途徑：** 五湖～一湖，1週約3公里，需時90分 預約制，可現場申請。並需聽取大約10分鐘的入園説明，收費￥250	免費 A途徑
	B途徑： 二湖～一湖，1週約1.6公里，需時40分 預約制，可現場申請。並需聽取大約10分鐘的入園説明，收費￥250	（五湖～二湖，1週約3公里，需時約180分）	**B途徑：** 二湖～一湖，1週約1.6公里，需時40分 預約制，可現場申請。並需聽取大約10分鐘的入園説明，收費￥250	免費 B途徑

夕陽台の湯

地址｜距宇多呂巴士站800米，徒步15分

電話｜0152-24-2811

費用｜大人￥500

營業時間｜6月1日～10月31日

浪漫函館

函館，位居北海道的道南地區。

如果說，北海道是一尾鼓鰭曲尾的鯛魚，那麼，函館就正好在魚尾巴處，隔著津輕海峽和青森遙遙相望。距札幌三個多小時車程，離青森則只要兩個小時，所以規畫行程的時候，我通常不會把它和北海道放在一起，而是做為東北地區的順遊景點，到了青森，很自然的就會想要通過津輕海峽到函館。

尤其車行途中，車上的字幕和廣播都顯示正在通過青函海底隧道，想到自己身處一百四十公尺深的海底，窗外一片闃黑，胸口不禁砰砰狂跳，卻又興奮難掩。以前還可以做海底車站見學，現今則因建設通往北海道的新幹線，某些地點要做為建材輸送集散之地，所以這項參觀活動就不再舉行了。

函館，古名箱館。一八五九年和長崎、橫濱成為日本幕府末期第一批對外開放的通商口岸，因此居民和外國人接觸機會大增，受西方文化影響頗鉅。背靠函館山面臨函館灣的元町老城區，如今仍留下許多歐風建築，例如俄羅斯東正教堂、舊英國領事館、中國紀念館、舊公會堂等等，都是具有異國風情的知名建物。

悠閒的散步在元町街區，細細品味函館的美麗和優雅城市氣質，依稀可以想見昔日繁華。今日政經中心雖已北移札幌，函館依然是道南重鎮，是北海道的第三大城，城市魅力未減。

▌函館車站內的壁雕 ▌函館港 ▌金森倉庫

▌多采多姿函館開港祭

為了紀念開港，函館在每年的八月一日起，一連五天舉行
港口祭，節目多采多姿，有自衛隊的航空表演、扮裝遊
行、合唱、樂隊演奏、海陸運動會，以及晚上的海上花火
大會。

我確實是為港口祭而來，最想看的是久聞其名的「烏賊
舞」（音ikaodori，或譯花枝舞），和海上煙火。由於到得
晚了些，白天的表演節目都已結束，只能期待晚上的花火
大會了。

趁著等待的空檔，我步上八幡阪，來到元町公園內的舊公
會堂。

昭和年間，函館曾發生九次火災，大火燒掉了許多街區建
物。昭和四十年的那一次，更燒毀了民眾集會所，後經居
民集資重建，於昭和四十三年（1910）再建完成。負責設
計的小西朝次郎師法文藝復興時期的建築風格，採和洋折

衷，左右對稱的木造兩層樓，外牆是藍灰色飾以鮮黃線條，典雅華麗，是當時最摩登新潮的建築，成為元町的地標。

進到館內，一百三十坪的貴賓室寬敞明亮，幾盞水晶燈投射著光可鑑人的木質地板，讓人恍惚以為一場冠蓋雲集的舞會就要開始。站在公會堂的二樓陽臺上，可以眺望元町街景和遠方的函館灣，船隻往來，歷歷在目。

暮色漸合，我穿過十字街向西波止場走去，這是觀賞海上煙火的最佳地點。

此時的西波止場聚集了許多賣吃

▌舊函館公會堂
▌扮成十九世紀的英國紳士淑女

食的「屋台」（臨時攤販），人群漸漸聚攏來，其中有許多外國觀光客，大家都來趕這場盛會。還有許多穿著美麗浴衣的少女，腳登木屐手搖圓扇，真是一幅夏夜最賞心悅目的圖畫。

在碳烤烏賊的屋台邊，一個小男孩邊比動作邊問他的媽媽「烏賊舞」的歌要怎麼唱，她媽媽一字一句教他：「函館名物烏賊舞，烏賊生魚片、鹽漬、烏賊細麵，除了這些還有一個、碳烤烏賊，烏賊烏賊烏賊烏賊，烏賊舞！」

▌木地板光可鑑人的公會堂貴賓室，彷彿舞會就要開始

我在一旁看著好玩，也比手畫腳學著唱。

聽了這歌，跳了這舞，如果不立刻去買個碳烤烏賊來吃吃，好像會對不起烏賊似的。

我走到港岸邊，找到一個空位席地坐了下來。有備而來的當地人都帶了塑膠布鋪地而坐，讓我驚奇的是大家都井然有序的坐著，沒有人到處走動。反倒是我，一站起身拍照時就會變成鶴立雞群，害我很不好意思，後來也就安安份份的坐著，少拍些相片了。

函館一年大約有兩次花火大會，一是七月中旬，一是八月一日的開港祭。開港祭是一年中的大行事，所以煙火規模也最大，從晚上七點四十五分到九點，總共發射一萬發。

煙火從「綠之島」發射向夜空，寶藍夜空剎時花團錦簇萬紫千紅，有時如百花齊放，有時如鑽石輝耀，有時如流星點點。函館的夜空千變萬化，讓人目不暇給。

▋函館開港祭海上花火
▋穿著夏季浴衣的少女

▌美味蟹腳 ▌西波止場海鮮市場 ▌在朝市吃早餐

▌不可錯過的函館名物帆立貝便當

▎生猛海鮮大快朵頤

到函館，另一個目的是吃海鮮。

函館三面環海，漁獲豐盛，是日本有名的海鮮廚房。

自從昭和三十一年，附近的農家漁戶將農漁產品集結到這裡販賣
以來，函館朝市已成當地居民和觀光客都愛逛的知名景點。每天
清晨五點，朝市便熱鬧滾滾充滿活力的開始營業，店家吆喝招徠
客人的聲音、新鮮漁獲蔬果的氣味、艷麗飽滿的色彩，在在都挑
逗著人們的味蕾，幾十家食堂幾百家攤販，光只走走看看就讓人
心中充滿了人生富足的幸福感覺。

許多人來到函館都不在旅館吃早餐的，一早便鑽進了朝市的食
堂，來一碗五色丼或海鮮拉麵，由此拉開一天行程的序幕。有些
魚鮮攤販還附帶燒烤，可以隨意挑選海鮮，做成沙西米現吃，或
略加碳烤，烏賊、干貝、海膽、舞鮑……啊，那種美味真是天下
第一，叫人鼓舌讚嘆。

如果有幾個朋友同行投宿民宿，而且和民宿主人溝通無礙，那麼
或許可以請求去市場挑隻帝王蟹，請店家處理好蒸煮好，冰鎮後
送到民宿來，和晚餐一起享用，那種Q彈口感鮮甜滋味，會讓你
吮指回味無窮。

函館朝市和西波止場海鮮市場更是瘋狂購物者的天堂，生鮮不好
帶，乾貨卻可以盡情採購帶回家。觀光客最愛的「帆立貝」（或
稱干貝糖），喝酒配茶兩相宜，就只有在函館買的最好吃最便
宜。北海道產的昆布，也是別處不能比的，問問愛做菜的歐巴桑
都知道。

▌旅行小筆記

離開函館後，可以繼續北上。或折回青森，說不定還可以再趕幾場歡樂慶典。

炎熱的八月，日本東北也是熱情如火，有名的東北三大祭（青森睡魔祭、秋田竿燈祭、仙台七夕祭）和盛岡Sansa祭、八戶三社祭也都在這時舉行。

八月的東北熱鬧非凡，鑼鼓喧天，這段期間的訂房十分緊張，一房難求，交通方便的旅館早在幾個月前就會被搶訂一空。所以若要趕上這場熱鬧就要提早規畫，除了行程和時間要做妥善的安排之外，住宿的問題必須及早敲定。

▌仙台七夕祭

▌盛岡Sansa祭

青森睡魔祭正連夜趕工

舊函館公會堂

地址｜函館市元町11-13

電話｜0138-22-1001

營業時間｜9：00～19：00（11月～3月期間17：00止）

交通資訊｜市電末廣町站徒步約7分鐘

門票費用｜￥300

函館朝市

地址｜JR函館車站右側200米

營業時間｜1月～4月／6：00～12：00

5月～12月／5：00～12：00

交通資訊｜函館駅前徒步2分

西波止場海鮮市場

地址｜函館市末廣町24-6

電話｜0138-24-8108

營業時間｜8：00～20：30

交通資訊｜JR函館駅徒步15分，或市電十字街徒步3分

東橫inn函館駅前朝市

地址｜北海道函館市大手町22-7

電話｜0138-23-1045

交通資訊｜函館駅徒步2分

宿泊料金｜￥3240～／人

由札幌出發的小旅行

▌小樽散步

早期的小樽是一個捕鮭魚和鯡魚的漁村聚落，十九世紀北海道開拓時期成為最重要的港町。二十世紀中期，由於與海外的航路往來，是煤礦和木材的集散地，港口地位更形重要，並且開鑿運河以利貨物裝卸。全盛時期，銀行及大型商社陸續進駐，在市中心建設了許多豪華氣派的建築，小樽的經濟繁榮達到了顛峰。後因北海道煤礦相繼封山，港口又被石狩灣新港所取代，小樽的地位就逐漸沒落了。

但是全盛時期所留下來的豪壯洋風建築、精美日式木屋、運河和倉庫群，都成了觀光標的，每年吸引來許多海內外遊客。小樽市政府也深知觀光財好賺，對於古老建物的保存維護格外用心，遴選出六十六棟市府登錄的歷史建物，並扶植發展地方特色，如今觀光財已成小樽的重要經濟收入。

小樽離札幌不遠，車程半小時，所以成為來到北海道的必遊之地。漫遊小樽的行程安排最起碼要有足足半天和涵蓋晚上的時間，當然，如果能在小樽住宿一晚更好，因為白天逛街晚上逛運河拍運河，白天和晚上的小樽是截然不同的面貌。

小樽其實是個很單純的小城市，最主要的景點就是一條運河兩條街道，只要去觀光案內所拿張地圖，就可以逛得輕輕鬆鬆不怕迷路。除非要延伸到郊區，否則也不用坐巴士，小樽是很適合走路慢慢遊逛的地方。從色內通走進去，慢慢的走細細的看，老街區老建築老店鋪，處處都有驚喜。

▌六花亭冰淇淋真味喔　▌北菓樓夢不思議泡芙
▌Le TAO冰咖啡￥300　▌Le TAO起士蛋糕￥300

到了堺町本通，你會發現北一硝子和銀之鐘都有一館二館三館好幾個館，簡直是北北一、南銀之鐘，分庭抗禮二分了天下。玻璃和音樂盒真是奇妙的發明，晶瑩璀璨精美絕倫令人愛不釋手，一路逛下來很少有人不受誘惑克制得了購買慾的。更吸引人的是還可以自己吹製玻璃做藍染，或親自組合一個音樂盒，選自己喜歡的音樂，帶回一個獨一無二的紀念品。

沿路還有許多名店，北菓樓、六花亭、LeTAO巧克力，這些都會讓你肥了腰圍瘦了荷包。還有別忘了喝一杯咖啡，全世界的好咖啡百分之七十銷往日本，所以我在日本很少喝到失敗的咖啡，即使車站旁邊站著喝的百圓咖啡或旅館的早餐咖啡也都還不錯。來小樽則要喝氣氛，銀之鐘或北一硝子三館或找一家你中意的高雅小店，花一杯咖啡錢會讓你記住小樽的氣味。尤其北一硝子三館，四壁的瓦斯燈投映下柔和的光線，有如置身在電影的浪漫場景裡。

我很喜歡「小樽出世前廣場」和「出拔小路」這樣的街區，都是移築的老房子，「出世前廣場」是傳統小店，有小食堂小咖啡屋小雜貨鋪，彷彿時光倒流，重回一百二十年前繁榮興盛的小樽街道。「出拔小路」雖也是老建築卻充滿了年輕的魅力，搶眼誇張的色調，新潮的裝飾，是年輕人喜歡來尋寶的地方。

逛完倉庫商店再逛到運河時應該已是黃昏，等待一長列瓦斯燈次第亮起，這是運河最美麗的時刻，從淺草橋和中央橋分別看過去，都能拍到很經典的運河景色。

▌小樽運河夜色

▌出拔小路 ▌小樽運河（沈君帆攝） ▌人力車

來到小樽一定要好好的吃一餐，才不會對不起自己的腸胃，因為小樽是北海道的海鮮廚房，各種海鮮生猛新鮮，所以有許多壽司名店和居酒屋飲食店，如果害怕因語言隔閡造成困擾，或不敢冒然掀起暖簾踏進食堂，那麼可以像我一樣，選擇有豐富特色早餐的旅店，例如dormy inn，種類多樣的海鮮食材，包括海膽、蟹肉、鮭魚卵、甜蝦、明太子，你可以自行選擇做成喜歡的三色五色或更多色的海鮮丼，外面食堂一客可要千圓以上喔。還有附帶晚餐的住宿選擇，可以搭配名店特製的壽司便當，很物超所值。

▌運河廣場有舒適的休憩空間

如果不在小樽住宿，那麼可以使用外國人專用的「札幌、小樽Welcome pass」，套票一五〇〇日圓，包含JR來回車票和札幌地鐵一日券，另選一天在札幌搭地鐵趴趴走也是很建議的行程。

▌旅行小筆記

沒有特定目的的閒逛，是旅行時最愜意的事，常常拾得許多意外的驚喜。

我從《小樽出世前廣場》的小街道鑽出來時，轉角就是員警派出所，抬頭看見門上一幅海報，海報上一個帶著警棍翹著仁丹鬍子的員警，正望著我瞇瞇的微笑。旁邊一行字這樣寫著：

あなたは素敵なので逮捕します.

（逮捕你，因為妳美麗！）

我不知道語出何典故，也不知道這樣直覺的譯解到底對或不對，只覺得被美狠狠的撞擊了一下，不管自己是不是很美麗，都覺得非常非常的快樂！

小樽運河PLAZA（Unga Plaza）

是小樽市營的旅遊資訊中心和購物中心，館內提供有關小樽的旅遊資訊，並設有互聯網路，遊客可在此獲得旅遊的各種資訊。

地址｜位於舊小樽倉庫內，近運河

營業時間｜9：00～18：00（7月及8月為9：00～19：00）

小樽　北菓樓

地址｜北海道小樽市堺町7-22

電話｜0134-31-3464

營業時間｜9：00～17：00（定休日：1月1日）

小樽　LeTAO

地址｜北海道小樽市堺町7番16號

電話｜0120-46-8825

營業時間｜9：00～18：00

▌尋訪河童的故鄉

停留札幌，通常我會再挑選幾個鄰近的景點，由札幌出發來個小旅行。而且會留意飯店有無接送服務，如果有，就能省下一筆交通費。例如定山溪、NISEKO和層雲峽的溫泉飯店，大都有專屬的送迎巴士到JR札幌站來接送，甚至登別和洞爺湖溫泉的大型飯店也有。訂房的時候，我當然就選擇這樣的旅館了，只要預約的時候註明清楚，就可以在規定的時間前往搭乘，非常方便。

小樽、定山溪、NISEKO，都很適合由札幌出發，來個小旅行。層雲峽溫泉、洞爺湖溫泉則可利用單程接送的服務，來省下延伸行程的交通費。

我預約定山溪萬世閣旅館的時候，發現有一個限時六天促銷的《涼夏專案》，較之前看到的價格便宜許多，比對一下內容並無差異：八疊和室、自助餐，還有一小時的「飲み放題」，包含酒精飲料無限

▌河童美少女
▌河童小夫妻

暢飲，每人才七三五〇日圓，比之前看到的足足便宜了兩千五百日元，雖有點遲疑怕品質沒保障，但還是勇敢的給它訂了下去，心想萬世閣這樣等級的連鎖旅館，再差也差不到哪裡去吧。

依送迎約定，下午二時在札幌站北口的團體巴士乘降場搭車，心中猜想大概是景氣不好客人少，才會有這樣的促銷專案吧，未料旅客還不少哩，出動了兩輛巴士，都是日本人，除了我們四個，沒看到其他的外國人。由於人多，在車上就先填好旅客資料，抵達旅館立刻有專人服務，接待親切，值得稱道。房間在十樓，臨溪，一推開窗水聲嘩啦嘩啦，滿眼綠意。比預期好太多，晚餐和溫泉設備也都物超所值，感覺真是賺到。

投宿溫泉旅館，晚餐前的時光不是泡湯便是閒逛。因為查過資料，知道定山溪是河童的故鄉，所以我們決定先去尋找一個個可愛的河童塑像。到櫃台請教服務人員，畫出步行路線後就出發了。

河童，可不是那個寫了很多書的魅力歐吉桑「妹尾河童」喔，而是日本民間故事裡的水怪，善良，但喜歡惡作劇。河童，究竟長得什麼模樣呢？各地的塑像都不太一樣。歸納起來大約是：禿頂、蛙眼、鳥嘴、龜背、蹼足，頭上常常頂著荷葉，樣子很是可愛。

在定山溪溫泉鄉，到處都可看到河童的造像，公園裡、橋邊、路旁，或是指示牌、溫泉造景等等都可能有河童出沒。二見公園裡有河童大王和提了酒菜要貢獻給大王的河童小夫妻，模樣逗趣。我最愛的是定山溪橋欄邊的河童美少女，大大的眼睛長長的睫毛，再加上一頭披肩捲髮，穿戴耳環項鍊和高跟鞋，端的是摩登美少女，望著你眯眯的笑著。她對面的河童男雙手抱頭悠閒橫臥，姿態很像足立美術館「大觀」餐廳前的那尊雕像。

▌河童男　▌造型璞真的河童雕像

定山溪是很傳統的溫泉鄉，距離札幌約一小時車程，很適合由札幌出發做個溫泉小旅行。

▊ 札幌小旅行

五度到北海道（包括兩次由青森北上只遊道南），來回共四度停留札幌。都是旅途剛開始或要結束的時候。

札幌是北海道的第一大城，北海道開拓時的首府，是北國的政經和文化中心，人口一百九十萬。距新千歲空港四十七公里，JR車程三十六分鐘。像日本許多空港附近的大城市一樣，我把它當做旅途的轉運站，不會一次就把它玩透，因為我知道下次有機會還會再來。

例如東京、大阪和名古屋，我都是在每次進出時停留兩天或三天，一次玩幾個景點，幾度來回，也就玩得差不多了。札幌四度停留，市區內的景點大概都已逛遍，市郊要搭地鐵或巴士的景點，如藻岩山、羊之丘，則好像尚未興起一遊的決心。

旅行有時就是很奇怪，再遠的地方都想千里迢迢兼程趕赴，有時雖近在咫尺，只要搭趟公車或計程車，

■ INFORMATION 旅 遊 資 訊

定山溪　萬世閣ホテル　ミリオーネ	
地址	北海道札幌市南區定山溪溫泉東3
電話	011-598-3500
交通指南	JR札幌站每日有無料送迎巴士
宿泊料金	一泊二食￥11550〜／人（和室），7650〜／人（洋室）

幾分鐘就可抵達，卻千方百計找理由說服自己不去，或暫時不想去。

有時更過分，只想賴在旅館，換個床鋪睡覺。

睡醒了，出去漫無目的的繞一繞，走一走看一看，逛逛書店喝喝咖啡，就這樣過了半天。

札幌的街道像棋盤，比較奇怪的是沒有街道名稱，只有像座標一樣的方位標示，所以要問路名有點麻煩，最好帶張地圖自己對照著看。或事先把路線畫出來，數著街道照著走就不會出錯。我更偷懶，都只掌握個方向隨意逛，要回程了才問人家：「JR札幌站怎麼走？」因為我的旅館就在車站前面。

札幌的玩法可以很隨興，也可以有一點計畫，怎麼玩都是很輕鬆的。參觀過舊道廳、時計台之後，再到大通公園去，這個公園是札幌市民主要的休憩場所，是個狹長形的城市公園綠帶，佈置得繁花似錦，夏天常常會碰上舉辦啤酒節、爵士樂節，冬天是雪祭的會場，多采多姿的活動吸引來許多觀光客。假日晚上則聚集了許多年輕族群，有點像東京原宿的假日街頭，什麼稀奇古怪的造型都有，歡樂通宵，有一次我周日清晨走過，看到橫七豎八躺了一堆人，旁邊是散亂的啤酒罐和野餐盒。

也可信步走到北大植物園去，想像渡邊淳一描寫的到處流漾的紫丁花香氣，和一場情慾糾纏的愛戀。如果你是情色大師渡邊迷，那麼在中島公園附近有個《渡邊淳一文學館》，是建築大師安藤忠雄設計的，館內收藏了渡邊淳一所有的作品和手稿，還有文稿由初創、修訂、排版印刷到成為熱門暢銷書的過程，對於有心寫作的人倒是一個很好的指導。

晚上就去逛逛薄野，感受一下燈紅酒綠的夜街風情，即使已飽腹也要逛一下拉麵橫丁和狸小路。

▌哇，這家要排隊喔 ▌札幌啤酒節high翻天（沈君帆攝）

▌森彥咖啡是札幌人的最愛（沈君帆攝） ▌自札幌站T38展望室俯瞰札幌夜景（沈君帆攝）

更多的時間我耗在書店和生鮮市場裡，不會放過二條市場和新開的道產食采HUG，市場裡滿滿的各色蔬果，色彩繽紛鮮麗，最能刺激我的腦神經傳導快樂的訊息，感覺人生的豐盈美好，採買一些水產乾貨也能豐富我的餐桌。到日本我必逛紀伊國屋，行前一定會上網查看所到城市哪裡有書店。翻翻書或看看別人的菜籃都是旅行的樂趣之一。

或許是緣於對校園的依戀吧？在札幌，其實我最愛的是北海道大學。很少看到大學對遊客這樣友善的，特地為遊客製作了摺頁簡介，以及北大學生推薦的步行路線和地圖。

「歡迎來到北海道大學！」看來誠意十足。

北大學生推薦的路線是：

〈北線〉：銀杏並木、北十三條門→工學部→北部食堂→原生林→平成白楊並木→圖書館北分館→高等教育總合中心→獸醫學部→第二農場→達友學舍、北十八條門。行程約一個半小時。

〈南線〉：正門→中央庭園→古河紀念講堂→克拉克像→農學部→理學部庭園→總合博物館→新渡戶稻造像→白楊並木→大野池→北十三條門、銀杏並木。行程約一小時。

其實我倒覺得隨意走走不問東西南北更自在，迷了方向就問北大學生啊！

▌北海道大學克拉克博士像

▌札幌觀光案內所備有華語服務人員 ▌札幌觀光案內所的中文旅遊資料相當完備

兩次由札幌返國，我都在回程的那天早上，特地到北海道大學逛一圈，在小賣店買件T恤或卡片，翻翻期刊，彷彿臨別巡禮，感覺格外的神清氣爽，心靈彷彿也充了電。

然後，就提了行李心滿意足的回家了。

▌旅行小筆記

我的旅伴「愛吃二丸組」是我的忠實跟班，一向都跟在身邊混吃混喝。但是逛大通公園的時候，兩個人居然很神祕的失蹤了，原來他們混進了啤酒節的人群裡，偷偷喝啤酒去了。

深夜回來，阿帆還很曖昧的說，喝完啤酒膀胱脹，就爬上T38，「小天下」去了。

沒讓我跟，是因為他認定我沒本事像他一樣「小天下」！

JR札幌站展望室T38，除了可以「小天下」，也可以覽天下，夜景十分美麗。

■ INFORMATION 旅遊資訊

JR-tower展望室T38

地址｜札幌市中央區北5條西2丁目5

營業時間｜6月～9月／9：30～23：00（最終入場22：30）

　　　　　　10月～5月／10：00～23：00（最終入場22：30）

宮越屋咖啡圓山公園本店

地址｜北海道札幌市中央區南二條西28

電話｜011-641-7277

營業時間｜10：00～23：00

交通指南｜札幌地鐵東西線圓山公園站下車，徒步五分鐘

森彥咖啡

地址｜札幌市中央區南二條西26丁目2-18

電話｜011-622-8880

營業時間｜12：00～22：00

交通指南｜札幌地鐵東西線圓山公園站下車，徒步五分鐘

ホテル京阪札幌

地址｜北海道札幌市北區北6条西6丁目1-9

電話｜011-758-0321

交通指南｜JR札幌駅西口徒步5分

Chapter 2
陸奧旅情

::: 東北新幹線 とうほくしんかんせん+
::: 奥羽本線 おううほんせん
::: 東京 ▶ 新青森 ▶ 弘前

弘前・以《藩士咖啡》迎我

▌櫻花百選弘前城

我搭東北新幹線最新型的列車HAYABUSA抵達終點站
新青森,隨即轉車前往弘前。

弘前市位於日本青森縣西部地方,今為津輕地區的中
心城市,人口約三十三萬人,向有「櫻花和蘋果之
城」的美譽,蘋果產量居日本第一,也是櫻花百選的
重要賞櫻景點。

到弘前,主要目的是參觀弘前城。

弘前城是日本七大名城之一,為津輕二代藩主津輕信
枚所築,是江戶時代津輕氏的居所,1894年向市民開
放,1895年闢建市民公園,其城下町則發展成為相當
熱鬧繁榮的街市。

弘前城

舊弘前圖書館

這棵枝垂櫻一百六十多歲了，枝繁葉
茂，讓人超想看她春天花開的姿容

弘前城天守閣是三層式白壁建築，莊嚴美麗，和三座望樓五座城門都是
國家重要文化財。

雖然不是櫻花季節，但是沿著城壕走一圈，但見兩岸櫻樹蔽天，枝幹直
接撲到水面上，還有一條千米櫻花隧道，花季時五千棵櫻花一起開，那
種在枝頭擠得像要爆炸似的熱烈陣仗，光只想像就叫人心蕩神馳。

參觀過弘前城，我們從側門走出來，前往藤田紀念庭園，可以買票進去
參觀這個知名的大名庭園。我們的目的則是去附設的「大正浪漫喫茶
室」喝咖啡。

▌洋館是對外營業的咖啡館

▌庶民咖啡的始祖～藩士咖啡

這兩年，弘前市正在推動一項計畫，即復興《藩士咖啡》，重振咖啡街文化，如今加盟的已有十五家。

根據文獻的記載，源起於伊斯蘭國家的咖啡豆，最早是由荷蘭的東印度公司經由長崎港輸入，由於物稀價昂，僅有少數的幕府貴族才能享用。

江戶時代，弘前武士被幕府派遣到北海道宗谷岬鎮守，以防禦俄羅斯的入侵。由於天寒地凍，又無蔬菜可食致缺乏維他命，兵士罹患水腫重病而死的極多。當時有醫者研究，謂咖啡可消水腫治病，因此在1855年，幕府開始配給咖啡豆給派遣的武士，所以弘前武士可以說是日本庶民飲用咖啡的先驅。

這些藩士怎麼喝咖啡呢？首先把生豆焙煎成炭黑色，再以研缽研磨成粉，然後裝入麻袋中，再浸入熱水壺裡，等水色變成番茶色就倒出飲用。色黑味苦，真的像喝苦藥一般了。

後來喝咖啡的風氣逐漸流行，咖啡館喫茶店一家接一家的開設，最興盛的時期，弘前全市就有六百家咖啡店，喝咖啡成為交際應酬的一部份。

藩士咖啡就是把裝了咖啡粉的小麻布袋在熱水中浸泡

我帶著自己做的咖啡杯去旅行　外人教師會館附設的喫茶室

一杯咖啡,一窗麗景,最是賞心樂事

▌弘前站前的蘋果郵筒是相約會面的好地點

東北地區現存最早的咖啡店是「萬茶」，創業於1929年，就在弘前站前的巷子裡，據說太宰治經常在此沉思創作。

附設於藤田紀念庭園的「大正浪漫喫茶室」，營業也有二十年的歷史。我點了「藩士咖啡」和Apple pie，女侍端來一隻黑色的壺和咖啡杯組，讓我自己動手沖泡。

壺裡放置了一個帆布袋，裡面裝了磨好的咖啡粉，正浸泡在熱開水裡。我好奇的拿進拿出觀察，並且忙著替它擺pose拍照，忘了要專心的照顧它，所以倒出來喝的咖啡，其味淡薄，並沒有想像中的苦和香，只好另點一杯咖啡來「漱口」。不過這倒是一個很好的體驗，可以得知當年藥用的咖啡，正是今日濾泡式咖啡的雛形。

喝完咖啡回旅館的途中經過追手門廣場。

這個廣場占地廣闊，經過精心規畫，排列著多幢新舊建築，有市立觀光館、鄉土文學館、新舊圖書館、東奧義塾外人教師會館……等等。還闢有一個專區，將歷史建物縮小了做戶外展示，並有簡略介紹，所以如果你沒有時間一一走訪這些歷史建築，就可以只花一點點時間在此窺個大概。

天色已晚。本來還想要去尋《名曲咖啡ひまわり（向日葵）》，〈向日葵〉開業35年，據說其建築不管裡外自昭和34年迄今都未曾變動過，而且，是名曲和咖啡哩，想來一定夠浪漫。但這時下起了雨，弄得衣履盡濕，只好打消了此意。

▌旅行小筆記

回來後，想起我有兩個小布袋，翻箱倒篋把它找了出來，看來好像也可以自己來個「藩士咖啡」哩。

第一個是個小麻布袋，如果裝了咖啡粉，一定會漏出很多粉末，喝起來就更像苦藥了。

第二個袋子看起來很合用，是個小小的帆布袋。哪天我就來試試吧，那麼，我家可不也有「藩士咖啡」了！

■INFORMATION 旅 遊 資 訊

弘前公園

地址｜青森縣弘前市大字下白銀町1　**電話**｜0172-33-8733

交通指南｜從JR、弘南鐵道的弘前站乘坐巴士15分鐘

門票費用｜弘前城4／1～11／23本丸／北郭：全票300日元

藤田紀念庭園

地址｜青森縣弘前市上白銀町8-1　**電話**｜0138-22-1001

營業時間｜4月中旬～11月23日／9：00～17：00

交通指南｜從JR、弘南鐵道的弘前站乘坐巴士15分鐘

門票費用｜全票￥300

岩木櫻の湯ドーミーイン弘前

地址｜青森縣弘前市大字本町71-1　**電話**｜0172-37-5489

交通指南｜從JR弘前駅搭車5分，有免費的計程車接送服務

費用｜￥4850～／人

名曲咖啡ひまわり

地址｜青森縣弘前市坂本町2

電話｜0172-35-4051

營業時間｜10：30～20：30（定休日：星期四）

萬茶ン

地址｜青森縣弘前市土手町36-6

電話｜0172-35-4663

營業時間｜10：00～19：00

交通指南｜JR弘前駅徒步約20分

津輕藩睡魔村

每年八月上旬，是日本東北最熱鬧的時節，東北三大祭的青森睡魔祭、仙台七夕祭和秋田竿燈祭都在這時陸續展開。如果錯過了睡魔祭，那麼不妨去參觀弘前的津輕藩睡魔村，或可略窺一二。

睡魔村裡，除了有睡魔花車展覽，並有民間工藝的展出和實演，是個很值得一遊的景點。

一樓是睡魔展示廳，十多具巨型的睡魔花燈，彩繪得十分精緻，內容取材自日本神話、武俠小說、三國演義和水滸傳的人物。還有一整排的金魚花燈，這是江戶時期京城貴族的玩具，弘前藩士帶回之後普遍流行到民間。

▌傳統工藝津輕塗

二樓是民間工藝的展售和實作會場。有金魚花燈、木屐、陶鈴、風箏、陀螺的彩繪製作和藍染等等。

最值得一提的是津輕塗。

東北地區是日本漆器的重要產地，津輕地區尤其執其牛耳。津輕塗是國家指定的傳統工藝，利用「七七子塗」「唐塗」等古代傳承下來的技法，經過不斷的反覆塗刷、乾燥、研磨，前後總共四十幾道工序，才打造出獨一無二的完美器物。

津輕塗漆盤、漆盒是結婚的必用物品，它流露出的優雅沉靜之美，既富貴又喜氣，廣受大家的喜愛。津輕塗由於工序繁複，製作成本極高，所以價格不菲，我只選了一雙筷子，做為旅行的紀念。

另一項獲大家歡迎的特產品是弘前的小小木偶娃娃。這些木偶娃娃的頭和身體是一塊木頭雕刻而成的，一體成形，彩繪精緻，模樣很是可愛。

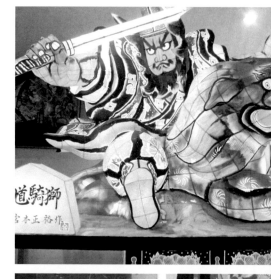

1. Nebuta內容多取材自神話和武俠小說

2. 彩繪精緻傳神

3. 金魚Nebuta

4. 一對父子聚精會神的彩繪金魚Nebuta

5. 典雅華麗的津輕塗漆盤是結婚的必用物品

6. 津輕塗工序繁複

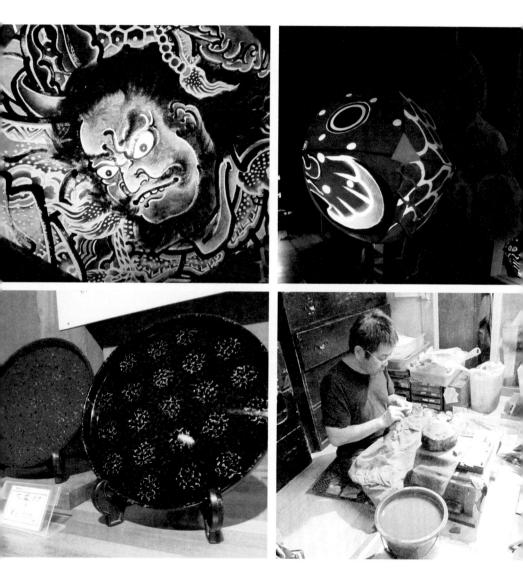

▌三味線是代表日本音樂的絃樂器　▌彈奏三味線的東奧男兒　▌用三升米煮成的大灶飯
▌津輕料理遺產指定店旨米屋

▌雄渾曼妙三味線

睡魔村裡，每日都安排了三味線的演奏。

三味線，是代表日本音樂的絃樂器之一，其中又以津輕三味線最能表現個人風格。一般的三味線是以撥子彈撥琴絃發音，津輕三味線則是手持撥子擊打樂器皮面，發出拍拍的聲響，成為津輕三味線的特色。

三味線初傳入時，只做為劇場的背景音樂，如今則發展成獨特的演奏風格，在睡魔村演出的樂手，不乏其中佼佼者。但見彈奏的陸奧男兒莊重端坐，雙手或按或壓或彈或撥或拍擊，樂音或柔緩或激越，雄渾曼妙兼而有之。時而鏗鏗如萬馬奔騰、如迅雷鞭舞，時而柔婉如流水崢淙、如春風拂柳。一改我對三味線伊伊唔唔如泣如訴的錯誤印象。

步出展演室，穿過一座日式庭園，接著來到物產館。這裡有各式各樣的蘋果製品，吃的用的都有。空氣裡漫漾著烘焙仙貝的香氣，動人食指，引得人人掏腰包購買。

還有新鮮組和林檎屋。在蘋果產季，林檎屋販售的蘋果又大又美又便宜。新鮮組則每日由三十多位組員供應自家生產的新鮮蔬菜水果和鮮花。

我們的午餐在睡魔村的旨米屋解決。

旨米屋是津輕料理遺產的指定食堂，廣受好評。推薦的餐食是貝燒和御膳。好吃的弘前米飯堅持以大灶和鐵鍋炊煮，一揭開鍋蓋飯香四溢，讓人肚子立時餓了起來，大胃王請進！可以一碗又一碗無限量供應喔。

御膳的內容除了白米飯外，一塊烤魚、兩碟青蔬漬物，再加一小缽野菜豆腐味噌雜煮的湯，不是很好吃，卻讓人懷想起舊時的清簡生活。

▌旅行小筆記

到達新青森後我很快的轉車前往弘前，沒機會多看幾眼新青森。轉身時卻突然為了沒經過青森而有幾分悵然，因為青森是我喜歡的城市，曾經多次停留。

記得第一次吃〈雪莓娘〉是在青森，鮮奶油裏著的一顆大草莓無比美味，也記得草大福和百元咖啡的滋味，更記得站前一二三食堂的老闆娘，當她知道我是第三次光顧時高興得笑逐顏開……。

幾分悵然，是因為新幹線開通後城市重心轉移，新青森或將取代青森，成為本州通往北海道的門戶，有誰會刻意的再轉車前往青森一遊呢？人間的興廢消長，真不是我們所能預料和掌握的。

■ INFORMATION 旅遊資訊

津輕藩睡魔村

地址 | 青森縣弘前市龜甲町61

電話 | 0172-39-1511

營業時間 | 4月～11月／9：00～17：00。12月～3月／9：00～16：00
（定休日：12月31日）

交通指南 | 弘前駅前搭巴士約15分鐘

門票費用 | ￥500

津輕旨米屋（つがるうまいや）

地址 | 青森縣弘前市龜甲町61津輕藩ねぷた村內　　**電話** | 0172-39-1511

營業時間 | 11：00～15：00（定休日：12月31日）

交通指南 | 弘前駅前搭巴士約15分鐘

JR五能線・休閒白神三兄弟

這趟重回日本東北的旅行，我設定的主題是搭乘東北新幹線最新型的列車HAYABUSA，以及親自體驗五能線觀光列車休閒白神三兄弟的魅力。

JR五能線，是東北地區沿著日本海運行的地方鐵道，自秋田縣的東能代至青森縣的川部，全長147.2km。休閒白神號的路線則覆蓋了全部的五能線，搭車起迄點再延伸至秋田和新青森、青森，以方便自首都圈搭乘新幹線前來的旅客。

休閒白神三兄弟是以白神山地的代表植物「橅」、保育動物「くまげら」（熊啄木鳥）、和十二湖之一的「青池」來命名。最先登場的是「青池」，1997年編成。「橅」2003年啟用，「くまげら」於2006年投入營運。最新的列車則是2010年12月以HB-E300系車輛編成運行的「青池」，為了保護環境並降低噪音，採用的是混合電力的氣動車，由蓄電池和發電機交替使用。

休閒白神三兄弟觀光列車的運行時間，夏期每日三往復行駛，冬期會縮減班次或只在假日行駛。列車由四輛編成，除了舒適座椅和大幅觀景窗之外，一號車廂和四號車廂並有景觀席，二號車廂則為包廂個室，全車指定席。

設在車頭和車尾的景觀席是自由使用的，坐在挑高的椅子上，可以看到駕駛座和廣角全覽的風景，是很多人排隊等著體驗的絕好位置。編號1、2、3號的休閒白神列車，在「驏

の沢」和「五所川原」之間會有三味線的演奏，逢到假日，有時也會有津輕方言講古的表演，搭乘的時候可以留意一下。

五能線的車站很多是無人小站，也有一些頗具特色的車站。例如能代車站有投籃挑戰。東能代站則是五能線的起點，並且有一座仿休閒白神「くまげら」列車的候車室，每一列休閒白神號都會在這裡停留六分鐘到十分鐘，旅客們紛紛下車去搶拍照片。車抵Wespa椿山時，美麗的觀光站

▌東能代站是五能線的起點，候車室蓋得就像「熊啄木鳥」號列車

長會出來迎接。而要到十二湖健行的人就會在十二湖站下車，再轉乘巴士前往。

如果用心安排，便有可能在一天之內把「橅」「くまげら」「青池」三種列車都搭乘到，即使不能全部搭乘，至少也能拍到照片，那麼就請好好研究時刻表，因為五能線是單線通車，所以雙向列車必須在某些車站會車，掌握好時間，便能得償所願。

我是在抵達成田機場時，就立刻去劃好了休閒白神號的座位，但已經沒有靠海的位置。幸運的是上車後發現尚有空的個室，就央求列車長讓我們換座位，這位年輕的列車長被我們左一句拜託右一句謝謝鬧得沒法兒，只好同意我們去坐，但有個但書，就是如果遇到中途有人劃位上車了，就必須回到原來的位置。

當然好啊，那有什麼問題！

就這樣，我們兩個人一室一路坐到秋田，沒人來趕我們。更舒服

以十二湖的代表「青池」命名

以白神山地的代表植物「橅」命名

的是可以把座椅拉開放平，平躺下來一路睡到終點。

休閒白神號通常以低於85km的速度，平緩的行走於海岸線，從大觀景窗望出去，一邊是一望無際的日本海，一邊是蔥籠鬱綠的白神山地，遇到景色特別奇絕美麗的路段，列車更會放慢了速度，好讓旅客們能夠輕鬆的飽覽窗外美景。

日色將暮。

雖然天氣不是很清朗，幾朵灰色的雲遮住了落日，但西天仍有幾分霞色，海天一片絢爛，美好時光令人陶醉，難怪休閒白神三兄弟已成旅人追捧的對象，更成為日本人一生想要遊歷一次的夢幻行程。

左 ▌ 乘車紀念 ▌ 車行途中可以欣賞日本海和白神山地風光
右 ▌ 女侍告訴我，詩人姓「神」，可惜未識廬山真面目
　　▌ 空氣裡飄散著咖啡香，音樂輕輕流漾
　　▌ 一杯咖啡，一個下午

▋旅行小筆記

　　店名叫做珈琲詩人咖啡館

　　路過的旅人匆匆

　　我走了進去

　　您是詩人啊我問店主人

　　她端了咖啡走過來微笑著

　　音樂如水盪漾

　　彷彿有詩句在空氣裡悄悄撞擊

　　旅途中我停留

　　在五能線的一個小鎮

　　五所川原

　　珈琲詩人咖啡館

　　下午時光

　　像雲一般輕輕滑過

　　離去時我回首

　　在腦海咔嚓攝相

　　珈琲詩人咖啡館

　　及其他

■INFORMATION 旅遊資訊

珈琲詩人咖啡館

地址 | 青森縣五所川原市大町4-18　　**電話** | 0173-33-1584

營業時間 | 8：00～24：00　　**交通指南** | JR五所川原駅徒步5分

費用 | 咖啡+抹茶蛋糕￥750，咖哩飯套餐￥1000

黃金崎不老不死溫泉旅館是有名的一軒宿

露天風呂築在海灘，地底二百米湧泉，含鐵所以湯色黃褐

葫蘆形的混浴湯池

黃金崎不老不死溫泉

五能線休閒白神四號停在Wespa椿山站。下午4時46分。

不老不死溫泉旅館的送迎巴士已經等在廣場上。在這個站下車的旅客幾乎都上了巴士，應該都是今晚投宿溫泉旅館的客人。不老不死溫泉，泡了會神奇回春不老不死的溫泉，多麼叫人期待呀！

車行十多分鐘，到達位於黃金岬的旅館，這是有名的祕境溫泉一軒宿，也就是說，在這附近就只有這一家溫泉旅館。

旅館的服務人員告訴我們今天的日落時間。略事安頓後即出發去泡湯看夕陽。

不老不死溫泉的泉質是含鐵的鹽化泉，泉色如金。由於海岸的露天湯沒有盥洗設備，所以就先去了室內溫泉的男湯女湯，都各有向著日本海的大片觀景窗，也有小小的露天湯。

但我們真正嚮往的是共海天一色
的海邊露天湯絕景,所以洗淨之
後披上浴衣,穿過長長的下坡
道,向著海邊行去。

這露天湯就築在岩灘上,眼前
就是浩渺壯闊的日本海。原先
只有一個男女共浴的混湯,後
來在旁邊增設了女性專用的湯
池,之間以矮牆隔開。女湯地
勢較高,牆又低矮,一不小心
很容易被看光光。

網路上有很多豪氣女生PO文,大
談挑戰混浴的經驗。原來女生是
可以裹著浴巾下水的,加以水色
透明度不高,若有醉翁,大概也
看不到什麼春光,反倒是女生一

■ 不老不死溫泉旅館

■ 不老不死溫泉旅館的房間是樸
　素的傳統和室

進來，那些歐吉桑都慌得不知要把視線投向哪裡哩。

話說我們幾個女生，心驚又好奇的在混浴湯池外徘徊，探頭一看裡頭有三個歐吉桑，躊躇良久，還是沒有勇氣一腳踏進去，只好乖乖的去泡隔壁的女湯。

女湯是橢圓形湯池，一邊矮牆另一邊是遮蔽行人視線的竹籬，以防海灘上有人偷窺，若以觀賞夕照的角度來看，要比混湯略遜一籌。在混浴的湯池，視野開闊，可以觀賞到全覽的海岸和落日，景色絕倫。

這個和日本海融為一體的海邊露天野湯，是不老不死溫泉旅館的最大號召，許多人衝著這夕陽溫泉而來。地底兩百米湧泉，湯色如金，和夕陽相輝映，的確是人生難得一遇的好景。

露天湯在日落後即關閉。下午四點以後也不開放給外客泡湯，絕景只留給自家旅館住宿的客人。

我們到的這天天色微陰，灰雲遮蔽了夕陽，但沒下雨已經很令人滿意了。最大的遺憾倒是混湯一直有人，沒拍到那個葫蘆形湯池，所以心裡暗下決心，明天大清早趁著沒人時再來拍。

隔天果然起個大早。

可惜湯池已被幾個男客捷足先登，等了許久不見出來，只好快快的轉去女湯。女湯也已經有一個女客，手裡拿著相機，我們相視一笑。這麼早會來泡湯，想也知道心中都懷著鬼胎，泡湯是藉口，拍照才是第一。

偶一回頭，但見混湯的湯池就在眼下，泡湯的男客到一旁更衣去了，我見機不可失，立刻拿了相機拍下葫蘆形湯池。原來女湯地勢較高，某個角度可以把男客看光光，同樣的，女客一不小心也會被隔鄰的眼睛吃了霜淇淋。

有無夕陽，有無拍到照片，我覺都不頂重要，倒是裸身擁抱著海天的那種豪壯氣魄才叫人銷魂。

而且我喜歡不老不死溫泉這個名字，覺得真有意思。

一見難忘。

■ INFORMATION 旅遊資訊

黃金崎不老不死溫泉

地址｜青森縣西津輕郡深浦町艫作下清滝15	**電話**｜0173-74-3500

交通指南｜Wespa椿山站搭車約15分，可聯絡接送

宿泊料金｜￥11500～／人（一泊二食）

十二湖散步

記得有一年在八戶的觀光案內所，
幸遇一位中村小姐，向我極力推薦
白神山地，她說他們全家每年都要
去白神山地露營一次，山林之美令
人俗慮盡消，要我有機會一定要去
體驗一次。

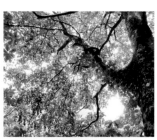

白神山地，其實就是一片山毛櫸
的原生林地，總面積十三萬公
頃，四分之一在秋田縣，四分之
三在青森縣。它的核心地域人跡
未至，完全未經破壞，始自遠古
的自然生態持續在進行，因此，
1993年被登錄為世界自然遺產。截
至目前為止，日本境內被列入世
界自然遺產的，除白神山地外，
尚有屋久島和知床半島。

白神山地的外圍地帶有步道和一些
觀光設施，近年已成為旅遊的熱門
景點，十二湖散策，便是其中之
一。我們預訂飯店的時候，便預約
了十二湖散策的套裝行程。

▍因為無用，才能長成大樹

▍山毛櫸成木

吃完早餐，旅館派車把我們送到十二湖的停車場，從這兒開始，解說員菊池先生帶領我們概略遊覽十二湖和山毛櫸原生林。

我們的路線自停車場→鱒魚池→雞頭の池→青池→山毛櫸自然林→沸壺の池→十二湖庵，全程大約兩公里，慢慢的走，兩小時綽綽有餘。也可以擴大範圍繞大圈，選擇四小時的行程，或自己拿著地圖按圖索驥也是可以的。

十二湖的由來，據說是1704年大地震之後，山林崩落形成的湖泊群。自大崩山的山頂眺望，大大小小共有三十三個湖，一般通稱為「十二湖」，其中以「青池」最為有名。

天候微雨，山林彌漫著薄薄霧氣，是很舒服的散步天氣。

出發前，菊池先生看看我們，指指天空，再指指他的衣褲，我們會意，紛紛舉起了手上的傘。他欲說還休無言的笑了笑，再指指鞋子。

這時我們一個個抬起了腳，跑步鞋、休閒鞋，還好沒有人穿涼鞋。都不防水。

這次他笑出了聲音。瞧他全身登山裝備，衣服和鞋子都是防水的材質。但是，放心啦老先生，這麼一點似有若無的小小雨，怕什麼啦！

林間步道，坡度非常平緩，一點都沒有難度，緩步徐行，輕鬆寫意。菊池先生一路教我們指認山野植物和禽鳥，他唱作俱佳，手腳並用再加手寫板的解說，我們很能領會，彼此溝通無礙。

說到山毛櫸，他說這片原生林大約起源於8000至9000年前，至今原始生態仍在進行，在林中很容易看到幼木、成木和倒木，代代相傳，生生不息。

山毛櫸平均壽命200年，長成直徑100公分的大樹，大概需要一百五十年的時間。

山毛櫸的日文名稱是「橅」。

▍白神山地解説員菊池先生 ▍青池 ▍沸壺池的水是名水百選之一

▍天光雲影自來去

「橅」這個字在中文和「模」的音義同，沒什麼特別，但在日文卻很有意思。

原來，「橅」，指的就是無用的樹木。這山毛櫸，既不能成棟樑，也不能做器物，一般的用途只用來栽培菇類，成為名副其實的朽木，不可雕也。

菊池先生說，這片「橅」原生林所以登錄為世界自然遺產，不是因為它美麗，不是因為山中有寶貴珍奇的動植物，而是因為它夠原始夠廣大，從古至今未經人類破壞，是世界現存規模最大的山毛櫸原生林，所以十分難得。

《莊子·人世間》：「山木，自寇也，膏火，自煎也。桂可食，故伐之。漆可用，故割之。人皆知有用之用，而莫知無用之用也。」

不求器用，才能免除被砍伐的命運，可以自生自滅得終天年，世代交替繁衍族群，最後成為被珍視被保護的世界自然遺產，成為人類共同的珍寶。不禁令人興歎：無用之用，竟是大用！

接著，來到「青池」。

「青池」是十二湖的代表，方圓九百七十五平方公尺，深九公尺。水色鈷藍，清澈透明，可以看見水底的巨大枯木和腐葉，枝條交錯，光影迷離幽幻，十分美麗，彷彿水底隱藏著一個奇幻神祕的世界，靜悄悄，卻又好像在訴說著什麼。

下著微微細雨，是散步的好天氣

再行不遠就是「沸壺の池」，白神
山地的伏流水自一棵桂樹的根元處
湧出成湖，湛碧清澈，引流掬飲，
清洌甘甜，是名水百選之一。旁邊
的十二湖庵是林中的休憩場所，其
用「沸壺の池」名水沏製的抹茶是
不可錯過的好物，免費的喔，旁邊
有個投幣箱，當然你也可以隨喜投
幣，感謝貼心的服務。

▌旅行小筆記

搭乘五能線休閒白神號遊津輕，已成
眾多旅人追捧的夢幻行程。這條路
線涵括的三個景點：白神山地、十二

▌十二湖庵

▌Wespa椿山

陸奧旅情 | 133

湖、黃金崎不老不死溫泉，更是日本人夢想一生至少能去一次的地方。

但是比較起來，我還是最喜歡搭火車。

雖然五能線的亮點不過就是休閒白神三兄弟，像玩具火車似的在那兒跑來跑去，然而搭乘的過程就是有趣。從極速的東北新幹線轉換到時速不到八十五公里的五能線，差異是很大的，不僅在車速上，心情更是一個大轉折。

遊津輕，心情要放鬆，腳步要放緩，小小站，停一下，下車去喝個咖啡，逛個路旁小店，偷得人間半日悠閒時光。雖然好像沒什麼收穫，卻像白神山地的山毛櫸，看似無用，卻是大用！

只不過適合我的，就不知合不合你的意了，自己看著辦吧。

■ INFORMATION 旅遊資訊

ウェスパ椿山

地址 | 青森縣西津輕郡深浦町舮作鍋石226-1

電話 | 0173-75-2261

交通指南 | JR五能線Wespa椿山駅下車即達

男鹿夕陽紅

由酒田前往男鹿半島途中，特地在秋田停留，目的就是要去逛秋田的市民市場。

這個市民市場離秋田車站不遠，走路過去十分鐘，規模不小，樓上樓下有二百多家攤位，衣服鞋子廚房用品……什麼都賣。樓下是生鮮市場，海鮮水產、水果蔬菜和佐料乾貨等等，一家連著一家，光只眼睛看著就覺新鮮美味十分誘人。一圈逛下來，人人手上都提了一大袋，蘋果、柿子、梨，都是又大又便宜。還發現味付的鮭魚乾很美味，下酒最好。

也可以在各個攤位買海鮮，請店家處理好之後，拿到飲食店租用燒烤的爐子，自己動手烤來吃。我們本來想嘗試，但怕時間不太夠，就到食堂吃套餐。餐後搭JR男鹿線的電車到羽立驛，今晚住宿的男鹿HOTEL派車來接。

Check in時，預約了「夕陽感動巴士」，這巴士會到各個旅館載客，前往入道崎觀賞有名的男鹿夕照。

像一把斧頭一般伸入日本海的男鹿半島，原本是個離島，因河川挾帶泥沙的長期沖積，最後兩塊陸地接壤形成了半島。入道崎就位在半島的西北端，有一座漆成黑白相間橫紋的燈塔，成為地理標誌。海岸多奇岩怪石，景色果然粗獷具男性雄風。島上最高的山是標高三三五米的寒風山，視野開闊，可以三六〇度迴轉盡覽男鹿半島風光。

▌男鹿線列車　▌入道崎燈塔

▌夕陽無限好　▌石燒料理現場實演

近黃昏。

天邊雲朵漸漸染上了霞彩，夕陽就要西下。

大家在入道崎臨海的草地上或坐或立，安靜的欣賞著海天的光影變化。海風搖盪著萬頃金波，霞光輝映，彷彿跳躍著金色的音符。遠天彩霞由金變紅再變紫，一輪紅日漸漸沉入地平線，剩四分之三、四分之二、四分之一……然後彷彿「咚！」的一聲跌入了海裡。

太陽落海之後，深沉暮色迅速掩至。但是周遭的人群依然靜默的坐著，不想起身，不知是感動於落日麗景，或是期待跌入海裡的太陽倏地又跳了上來？

旅館的晚餐，我們指定要有石燒實演的會席料理。石燒料理是昔時漁村的傳統料理，新鮮的魚貝菜蔬放進木桶裡，再投入燒得赤紅的石頭，咕嚕咕嚕的湯沸聲音，以及空氣裡飄散的食物香味，引動腹中饞蟲，肚子也不禁咕嚕咕嚕的叫了起來。表演實作的女孩料理完之後，一小碗一小碗的分盛給大家品嘗，鮮美的滋味，真的好像混合了海風海潮和陽光的味道。

　　小P說：「男鹿石燒料理」，是燒烤公鹿肉嗎？

哈哈哈，那麼，「男爵馬鈴薯」豈不就是男的馬鈴薯或男爵賣馬鈴薯了？

▌生剝民俗畫 ▌生剝面具 ▌生剝面具

▌扮演「生剝」（真山傳承館官網）

男鹿半島還有個奇怪的民俗，就是「生剝」，讀音NAMAHAGE。

亦即在大晦日（除夕），由村人裝扮成青面獠牙的鬼怪，到處去拜訪民家。除了祈福除厄之外，還大聲擂鼓喊叫，要抓愛哭小孩懶惰媳婦，兇神惡煞的模樣，真要把小孩嚇壞了，到處藏躲還是被抓了出來，嚇得哇哇大哭。這時大人出面了，準備了酒食請鬼怪們吃喝，並且打恭作揖求饒，保證家中的小孩都很乖，請不要把小孩抓走。這些兇惡的鬼吃飽喝足之後就離開了，邊走還邊說要再來看小孩變乖了沒有，又叫父母如果小孩不乖，就向著真山神社的方向拍手三下招喚，他們就會立刻前來把不乖的小孩抓走。

其實這些都是事先套好招的，扮演「生剝」的村人會事先調查這家人的狀況，如果有喪事、病人或孕婦，就不會前來拜訪了。不知是哪個先民這麼睿智，用這一招來管教孩童婦女，真是高招啊。這個年俗沿襲至今，已被列入日本國定重要文化財。

男鹿溫泉鄉的商店到處都有賣「生剝」面具，每年冬天也會舉辦「生剝柴燈節」，如果無法恭逢盛會，則可在「真山傳承館」參觀現場表演，「生剝」的情景再現，也是很生動逼真非常嚇人的。

■ INFORMATION　旅遊資訊

秋田市民市場

地址 | 秋田縣秋田市中通4-7-35　　**電話** | 018-833-1855

營業時間 | 5：00～18：00（休業日：星期日）

交通指南 | 從秋田駅徒步約10分

男鹿溫泉　男鹿ホテル

地址 | 秋田縣男鹿市北浦湯本字草木原13-1　　**電話** | 0185-33-3101

交通指南 | JR男鹿線羽立駅搭車20分，可連絡旅館接送

NAMAHAGE館

地址 | 秋田縣男鹿市北浦真山字水食澤　　**營業時間** | 8：30～17：00，全年無休

交通指南 | 從JR羽立站搭計程車，約20分

Chapter 3
中部順遊

雪國 · 越後湯沢

「穿過縣境長長的隧道,便是雪國了。夜空下,大地一片白茫茫,火車在訊號所前停下……」

不管有沒有讀過《雪國》這本書,對於這一段文字一定不會陌生,這是川端康成名著《雪國》的開頭。文中所提的隧道是清水隧道,訊號所就是現在的「土樽」站,距離越後湯沢十五公里。

雖然我搭的是新幹線,通過隧道快到越後湯沢的時候,仍然忍不住朝車窗外張望。這隧道並不是清水隧道,清水隧道不在新幹線而是在上越線上。隧道不同火車不同時空也不同,但我依然難掩心中悸動的情緒。

雪國

國境の長いトンネルを
抜けると雪國であった。
夜の底が

▌川端康成 ▌通過長長的清水隧道，就是雪國（翻攝自雪國館）
▌初遇川端康成，時年十九歲的松榮 ▌雪國館展出先民生活器物

▌川端康成創作雪國的「霞之間」

▌《雪國》文學散步

古時的越後湯沢是個群山環抱的小山村，地形封閉交通不便，尤其冬天下雪的時候幾乎與外界隔絕。1930年開通清水隧道，上越線通車之後，拉近了與首都圈的距離。

其後，川端康成多次來到越後湯沢，住在高半旅館，結識了當年十九歲的藝者松榮。川端康成以她為原形創作的小說《雪國》，故事淒婉感人，全書彌漫著一種徒勞無所抗爭的淡淡哀愁，是獲得諾貝爾文學獎的曠世名作。

行前，我把《雪國》這本書翻出來再讀了兩次，所以一踏上越後湯沢的土地，置身在故事的場景時，書中的情節、主人翁的談話、他們的生活行事，歷歷如在眼前。我彷彿踩踏著他們的足印，沉浸在故事的氛圍裡。

越後湯沢非常以文豪川端為榮，舉辦過多次川端康成《雪國》的紀念活動，小鎮裡也有許多場所展示著相關的文物。例如「雪國館」除了鄉土資料展出之外，還收藏了許多川端康成的愛用物品。並有一個房間，特別佈置成當年駒子置屋的樣貌。

高半旅館則是川端康成每年到越後湯沢固定住宿的地方，保留最多川端康成的文物。一張松榮十九歲時的照片，叫人忍不住要和書中主角交互疊映，揣想駒子的面容身影。川端當年居住的「霞の間」被完整的保留下來，這房間獨立在旅館僻靜的一角，三面臨窗，視野絕佳，川端就是在這裡邊望著窗外景色邊創作。恍惚間，彷彿也能聽見駒子宴罷自甬道那頭醉態可掬一路顛躓行來的足音……

越後湯沢的觀光促進做得很好，每年吸引來眾多觀光客。

| 大地雪漫漫，這五個字好沈重！ | 駒子の湯 | 付費五百日元就可品飲三種自己選定的銘酒

《雪國》文學散步推薦的路線是：

JR車站→雪國館→足湯→高半旅館→諏訪神社→駒子の湯
→雪國碑（主水公園）→車站。

安步當車，慢慢的玩賞，大約需要半天時間。我是和計程
車司機談定了價錢，以一小時半的時間匆匆閱覽。

▌品酒・喝咖啡・泡足湯

JR越後湯沢駅是個新型多功能的建築，車站雖然不大，二
樓卻有相當大的物產品賣場和特色飲食店，是個好吃好玩
好逛的車站。

新潟產好米，所以有好酒。

COCOLO賣場的後方，有間賣酒的店ぽんしゅ館，只要付
費五百日圓就可以品嘗三種自己選定的銘酒。這種銷售方
法果然招徠許多好奇的觀光客，還可以買新鮮小黃瓜，沾
取味噌送酒，據說非常美味。

這間店還附設酒風呂，分男湯和女湯，湯池裡不是溫泉而是日本酒，據說也極受觀光客歡迎。尤其是冬天，在漫天飛雪裡跋涉，手足都凍僵了，這時候若噗通跳進一池熱呼呼的酒泉裡，那種享受真是千金不換啊！

我們去「雪ん洞」食堂午餐。這家店的名物是爆彈飯糰，一個飯糰大約兩個拳頭合抱，用魚沼產的越光米以大灶炊成，有多種內餡可供選擇，最簡單的是海鹽調味再包上海苔，售價350日圓。另有售價二千日圓的超級爆彈，那超大的份量，大概只有相撲選手才吃得下吧。

▎越後湯沢車站裡的賣店

▎買一根小黃瓜沾取味噌送酒，據說最是美味

▎雪ん洞食堂

我點了一客「お發ち飯」，內容是一個大白飯糰、烤魚、漬物和和以地方食材烹製的煮物。據說源自上杉家族的傳統，在軍隊要出發作戰之前，以大灶炊煮大鍋白米飯，整治山珍海味，用以慰勞軍士提振士氣。所以每當夥伕搬出大鍋，大家便知道又要出征了，變成了軍隊出發的預告。

還有一樣好物不要錯過。

JR駅前的HATAGO井仙旅籠，附設的「水屋咖啡」，以溫泉水調製，

▌井仙旅館附設的免費足湯 ▌水屋咖啡 ▌水屋

尤其是冰滴咖啡，經過八小時滴漏萃取，阿拉比卡豆的微酸、香醇滑順，讓人回味再三。

越後湯沢，有人文有自然，有美酒有咖啡，是個讓我懷念的地方。

■INFORMATION 旅遊資訊

雪國館

地址｜新潟縣南魚沼郡湯沢町大字湯沢354番地　**電話**｜025-784-3965

營業時間｜9：00～16：30　**交通指南**｜自越後湯沢駅西口徒步約10分

門票費用｜￥500

雪國の碑

地址｜新潟縣南魚沼郡湯沢町大字湯沢字滝沢361番地1，主水公園內

交通指南｜自越後湯沢駅徒步約10分

HATAGO井仙

地址｜新潟縣南魚沼郡湯沢町湯沢2455　**電話**｜025-784-3361

交通指南｜JR越後湯沢駅西口正面徒步1分

宿泊料金｜￥15225～／人（一泊二食）

雪国の宿高半

地址｜新潟縣南魚沼郡湯沢町湯沢923　**電話**｜025-784-3333

交通指南｜JR越後湯沢駅西口徒步約30分，可聯絡接送

宿泊料金｜￥10500～／人（一泊二食）　「かすみの間」（霞之間）￥500，住宿者免費參觀

高山本線 たかやまほんせん
名古屋 ▶ 下呂溫泉 ▶ 高山

雪見初體驗

己經過了幾年，我還是很難忘記第一次去高山飛驒和下呂溫泉，幸運的遇上初雪的感動。

因為拿到一張超級便宜的機票，名古屋五天四夜，我未加思索的悄悄請了三天假，沒驚動任何一位同事，和妹妹兩人結伴直飛名古屋去了。

大概是湊人家的團票吧，出發前三天才接到旅行社的電話，告知有機位，確定可以成行。時間真的太緊迫了，我只來得及上網訂了前後兩天在名古屋的旅館，也查了天氣，準備幾件冬衣。至於行程，十二月中旬應該會下雪吧，去高山飛驒好了，說不定運氣好可以泡個「雪見溫泉美人湯」。

下了空港巴士，跟著人群走到名古屋駅。只知道上網訂的旅館是在太閤通口的方向，卻一時搞不清東西南北，只好攔住一位女士問路。她推著個大行李，也是剛下飛機的，雖然行色匆匆，仍然很熱心的把我們領到駅前廣場，遙指一個路口說：

　　「直直向前走，不遠，找不到時再問人。」

還好，過了馬路就找到了。

Check in之後，已是晚上十一時，街上仍然熱鬧，我和妹妹決定到車站附近逛一下，最好能找到明早搭巴士的地方。

由名古屋前往高山的交通有兩個選擇，一是搭JR，一是搭濃飛巴士。（那時還沒有中部空港，當然也沒有直接由空港前往高

▌高山市的古街建物群（高山市觀光情報）　▌高山市三之町古街遊客川流不息

山的高速巴士）。我們決定搭巴士去，一來較JR省錢，二來是因為巴士在山間行駛，地勢較高，説不定可以看到美麗雪景。

果然。車子過了長良川，道路兩旁和向陰的山坡地都出現了薄薄的積雪，在陽光下閃閃發亮，有的田地被覆蓋成雪白一片，但是雪很薄，還露出下面黑黑的田土。

▌古街的町家風情

到了高山市，雖然寒冷，但是天氣晴朗，到處乾乾爽爽，沒有絲毫雪的蹤影。我們直奔觀光案內所拿地圖，又到宿泊總合案內所訂今晚的溫泉旅館。案內所小姐推介給我們的是寶生閣，在城山公園旁，離車站有點距離，旅館可以來接，但是我和妹妹決定先去逛逛，再安步當車走到旅館去。

高山市的古街道保存得非常完善，街景頗似妻籠，年代久遠的連幢木屋，沉鬱的黑色，彷彿訴説著過往的歷史風雲。有名的味噌老舖、釀造所、餅屋……，都擠滿了觀光客，生意非常興隆。

在市役所前，我看到一小截水流，原來是排水溝，由於城市發展需要

把原有的排水系統地下化，但仍保留了一小段，讓你知道原來的排水溝是長這個樣子的。讓我想起我居住的府城，也有一條「大水溝」，流經府前路、民族路、……一路出海而去。赤嵌樓附近全美戲院旁的「大井頭」本來是個渡口，商船聚集。如今，承載著歷史重量的「大水溝」卻隱藏在路面之下，看不出一絲一毫的歷史軌跡。為什麼不能像高山市所做的這樣，在「大水溝」流經之處，選擇幾個適當的地點，讓它「拋頭露面」以原來的風貌呈現在大家面前，讓人們一步一追尋、一步一回顧，重尋府城往昔的繁華歲月，也追回台灣歷史的源頭。

▌朴葉味噌飛驒牛

晚餐在旅館的大廣間。女中教我烤飛驒牛，一塊一塊切得像骰子的牛肉，放在炭火上略烤，沾上特調的味噌醬汁。

　　「哇，歐伊西！」（美味しい）

高山味噌口味比較濃厚，搭配柔嫩多汁的飛驒牛，真是絕配，好吃到叫人差點把舌頭也一併吞下去。

啊不，應該這麼說：

　　「味道深奧，層次十分豐富，一口咬下，讓人感動得眼淚都要流下來！」

▌高山陣屋是日本國定史跡（高山市觀光情報）

▌高山飛驒之里的合掌造集落

哈哈哈，日本料理東西軍的節目看太多了。

味噌還有一種吃法，把一片乾朴葉放在炭爐的網子上，上面再放上一坨味噌，烤熱了配飯吃，有一種特殊的乾焦香氣，動人食慾，這就是高山名物「朴葉味噌」。難怪在小店買味噌時，老婆婆要送給我一把乾葉子，比手畫腳說了老半天，我還是不解其意，只好把葉子還給她。我想，老式的日本家庭居家儉省，中午男人去上班不在家，婆婆和媳婦大概就是以這朴葉味噌，再加上一碗米飯兩樣漬物、一杯沖調的味噌湯，草草對付過一餐吧。

隔日晨起，推開窗看到附近房舍的黑瓦上一層薄薄積雪，仔細看，細細的雪仍在下著，但是太細太輕了，風一吹就無影無蹤，沒多久雪停了。Check out時，請教櫃台人員附近有什麼好玩的地方，他建議我們可以去「飛驒之里」，然後去飛驒古川，再搭JR到下呂溫泉。一路上氣象多變，時晴時陰，有時雨雪霏霏，還颳著冰風，冷得手凍腳麻。但是到了下呂溫泉，天氣卻是出奇的晴和，路面乾爽，無雪也無雨。

仍然找案內所幫忙訂旅館，訂了白樺HOTEL，過了下呂大橋，白鷺橋畔就是。

▌（上）、（下）飛驒古川白壁土藏

下呂溫泉鄉的溫泉的確是美人湯，泡完之後，皮膚明顯的覺得柔嫩細滑，難怪被譽為日本三大名湯之一。

▎午夜，雪徑深深路已迷

房間在二樓，臨街一大片玻璃窗。對街尖塔造形的樓頂掛著一口鐘，左前方則是長長的下呂大橋。關了屋內的燈躺在榻榻米上，街燈柔和的照了進來，我瞪著時鐘出了神。

十二時，午夜。

幾絲細雨斜斜的飄落窗前。

啊不，像鵝毛臨空舞、似柳絮隨風起，輕輕飄過窗前的不是雨絲，而是下雪了！

我起身來到窗前，伸手接住飄落的細雪，雪花在手上慢慢的融化。

雪越下越大，漸漸的，屋頂、路樹、車子……全蓋上了皚皚白雪。有一群人從屋裡跑了出來，在街道上叫著跳著舞著，抓起雪團成球，互相追打，嬉鬧歡笑，興奮得不得了。他們說這是下呂今年的初雪。

整個晚上，我臥在榻榻米上睜著眼，捨不得睡著，也捨不得拉上窗簾。

整個晚上，我望著雪花在窗前飛舞。有的像鵝毛、有的像小棉球、有的像冰沙。街燈映照、襯著寶藍夜空，她們嬉玩起舞，像一群神祕的小精靈。

倦極睡去時，夢裡也有雪精靈在跳舞。

夢裡夢外牽牽掛掛，時而睜眼時而閉眼。更幾度起身探視，窗外雪徑深深，路已迷。

一夜大雪。早晨醒來，窗外一片白茫茫。這個世界，好乾淨！

下呂也有一個合掌村，旅館的人願意開車送我們去。這個合掌村規模比高山市的「飛驒之里」小了很多，年代近些，但是比較精緻。覆蓋著皚皚白雪的合掌屋，就像薑餅屋一般，充滿著童話故事的奇幻色彩。

離開合掌村時雪已停，由於不太遠，我們決定循原路走回旅館。路旁雪深及膝，一腳踩下去，差點拔不出來，只能小心翼翼的走在車輛駛過的泥濘車轍裡。雪地跋踄真的很辛苦，妹妹說，來去泡個公共湯吧，驅寒氣。問路於店門口鏟雪掃徑的老婆婆，溫泉Garden和白鷺之湯哪個好？怎麼走法？老婆婆沉吟了一會兒，說：

> 「嗯，這個情況呀……白鷺之湯比較好些，就在這附近，過三個路口右轉就到了。溫泉Garden太遠了。」

可是溫泉Garden有露天風呂。這樣的下雪天，一邊冷得牙齒打顫唉唉叫一邊泡露天湯，來個雪見風呂才叫經典呀。再問了兩個路人，還是搞不清楚如何走法？能不能走到？只好放棄雪見美人湯，一腳高一腳低的跋踄去尋白鷺之湯了。

『白鷺之湯』算是社區型態的小型公共湯，規模不大，心中有一點小失望。而且湯池裡沒有別人，生意不好喔。這種鬼天氣，誰會一早出門來泡湯呀！

但是，等我們解除裝備，撲通跳進湯池，劈劈拍拍的打著水時，不禁大呼：「泡湯真好！」

高山飛驒民俗村（飛驒の里＆民俗村）

地址｜岐阜縣高山市上岡本町1-590　**電話**｜0577-34-4711

營業時間｜8：30～17：00（全年無休）

交通資訊｜JR高山駅前搭濃飛巴士，20分

門票費用｜大人￥700，中小學生￥200。購濃飛巴士和飛驒之里套票￥900

下呂溫泉合掌村

地址｜岐阜縣下呂市森2369

電話｜0576-25-2239　**營業時間**｜8：30～17：00

交通資訊｜從JR下呂站乘巴士6分鐘

門票費用｜大人￥800，中小學生￥400

飛驒高山溫泉　宝生閣

地址｜岐阜縣高山市馬場町1-88

電話｜0577-34-0700

交通資訊｜JR高山駅徒步約20分，可連絡旅館接送

宿泊料金｜￥10500～／人（一泊二食）

下呂溫泉白樺ホテル

地址｜下呂市森1089-1

電話｜0576-25-4411

交通資訊｜JR下呂溫泉駅徒步約15分，過下呂大橋即達

宿泊料金｜￥7980～／人（一泊二食）

白川鄉的薑餅屋

▍「小京都」高山市

在JR名古屋車站的月臺上等車時，一名歐吉桑過來和我們哈啦，想了好久，我才恍然大悟他說的是曾經去過臺北的故宮博物院。剛下飛機踏上日本這塊土地，耳朵還來不及適應，再加上腦海裡日語單字的庫存實在不多，和人家對話時，常常就是牛頭不對馬嘴，連自己都覺得好笑。但是這種不能順利溝通的距離，反倒激盪著我的旅遊情緒，我喜歡這樣若即若離、不多不少的陌生。

我問高山市下雪了嗎？他說：下過了啊，很多很多⋯⋯

一聽到「很多很多」我們就安心了，因為氣象報告說今年日本雪下得少，連北海道的滑雪場都缺雪休業。名古屋就更不用說了，到處一片乾爽，一點雪的影子也無。而我們此次旅行最主要的行程是參觀白川鄉的合掌造薑餅屋，沒有雪，怎麼會像薑餅屋呢？

到達高山市後，果然一片皚皚白雪迎接著我們，天空更飄下小小羽絨一般的雪花。安頓好行李後，我們立刻撐了傘步入飄飛細雪中，先去濃飛巴士預約了明日的白川鄉一日遊，再來個古街道巡禮。

高山市隸屬岐阜縣，地理位置約是日本國土的中央，二〇〇五年與周邊的町村合併後目前是日本最大的市，面積直追東京都，但因領土大多是山林不適耕種，人口不到十萬人。這幕府時代的飛驒國，在當時算是地處荒僻收入不豐，百姓生活甚是艱苦，連歲賦都繳不出，必須派人上京去服勞役以抵稅，但是也因為這樣而造就了全國知名的工匠技術和商人，經營有成之後修房舍造商街。媲美京都的

■ 晚上的合掌屋別有一種神祕的氛圍

城下町，如今已被日本政府指定為「重要傳統建築群保護區」，更是觀光的重要資源。

霏霏細雪中，行走在古老的街區，空氣裡飄散著烤餅的香氣。幾家酒造門簷上掛著用杉樹葉子編結成球的「杉玉」，有的已經轉褐，有的還是新鮮的青綠，向你宣告著釀酒的進度。搓著冰冷的手走進去，接過一小杯試飲的新酒，仰頭一口飲下，雖不能立時驅走寒氣，但酒香在口腔裡漫開，也覺有一股暖流上心頭。

再逛進味噌鋪子，高山味噌可是名氣相當響亮的，味道濃厚香醇，很適合調開了做沾醬，切成骰子形狀的飛驒牛烤過後沾著味噌吃，滋味絕妙。家常的早餐桌上更常有一道朴葉味噌，就是小爐的陶盤上乾燒著朴葉，葉上一小坨高山味噌，淡淡的清香很引人食慾，會讓人多添一碗飯。

除了逛三之町的古街，我還喜歡逛朝市，買些水果和小零食。高山市有兩個朝市，一是高山陣屋前的朝市、一是宮川朝市，大都是賣生鮮水果和農產品的攤位，也有賣一夜干、新香漬物和味噌的。有一年我逛陣屋朝市，顧攤的老婆婆賣她自己親手醃製的大根和味噌，熱心的拿了讓我試吃還邊聊起家常，發現我是外國人驚訝得呵呵直笑，這景象讓我想起久已不見的農村市集。

天色將暮，在街角買了兩串飛驒牛串燒，又去吃了晚餐後，我們到JR車站前搭巴士去「飛驒之里」，原因是在冬季的這一個半月會有夜間點燈，展現不同的合掌屋風貌。據說二十世紀中期建造水庫時，飛驒地區有幾個村莊從此淹沒在水底，搶救下來的三十餘座古民居和八千件民具就移築展示在「飛驒之里」，平時也做工藝實演和體驗教學，希望能夠保留舊時農村文化，留給日本人一個永遠的心靈故鄉。

買了票進入園區，就看見五阿彌池邊點起了火把，照見對岸的舊西岡家，在燈光映照下，鄰近的富田家、吉真家……也都清晰可指。我曾在白天來過，一家一家的去探訪過，有一戶人家名喚「八月一日家」，曾經很好奇，一直想要去探詢為什麼姓氏是「八月一日」。

雨雪越下越大，手腳又冷又凍，趕快躲進休憩室去圍爐烤火。一旁的老先生說，在合掌屋裡，像這樣的爐火是不能熄的喔，一年三百六十五天火種延續不斷，是為了煙薰防止蟲害，也是家族綿延的象徵吧？但必須特別小心火燭，連睡覺時家中都要有人隨時注意看火哩。

▌粉妝玉琢白川鄉

歧阜縣的白川鄉是日本有名的三大祕境之一，但是今日交通便捷，祕境早已不是祕境。每天由高山市、金澤或歧阜都有巴士開往白川鄉。東海北陸自動車道全線通車後，更

▍神田家

有每天從京都車站八條口發車的高速
巴士，需時大約四小時，費用還不及
JR票價的一半，是前往白川鄉的另一
種選擇。

我預約的是濃飛巴士的觀光一日遊
行程，每天上午八點半由JR高山站前
發車，遊賞散策的時間很充裕，還
附帶午餐和導覽，是不必傷腦筋的
輕鬆玩法。

車行途中，一路都是皚皚白雪披覆的
林野，四野寂然天地壯闊。由於媒
體的大量報導，早已揭開了神祕的面
紗，但白川祕境對我來說仍然充滿著
瑰奇幽祕的色彩，不知這歷經二、
三百年歲月洗禮的古代民居集落究竟

▍跌了一跤，像從雪洞裡爬了出來
▍夢幻白川鄉，像薑餅屋一般的合掌屋

是什麼樣子，有什麼故事？一扇魅惑的門即將開啟，我期待著。車過御母衣水庫時，導遊感慨的說建水壩時，這裡曾經沉入六個集落三百五十餘座合掌屋，山村居民無語問天的悲歌，讓我心頭突地一緊，情緒有點低落了起來。

庄川潺潺流過，將白川村一分為二，右岸是「野外博物館合掌造民家園」，左岸是荻町合掌造集落。「民家園」移築的合掌屋來自居民集體出走廢村的加須良、大窪、馬狩等地區，大大小小二十五棟，包括九棟岐阜縣重要文化財指定建物的合掌家屋，以及水車小屋、稻架小屋、炭燒小屋等放置柴薪糧草、農具器物的合掌造。有幾座家屋頗為宏偉，屋內寬敞明亮，有常設展出，並辦理許多民藝的體驗教學活動。

走過橫跨在庄川上的合掌橋，便是荻町的合掌造集落。這個保護區裡共有114棟合掌屋，其中109棟被指定為受保護的傳統建物，居民約六百餘人。今日白川鄉的合掌屋能保留下來並獲聯合國教科文組織登錄為世界文化遺產，名傳海內外，吸引來大量觀光客，讓一個僻遠山村得以重生，實應歸功於荻町居民的自覺自救。

話說二十世紀中期，日本由於都市的快速發展，生活型態轉變，不僅人口外移向都市集中，電力、建材等資源也輸往城市，迫使農田林地過度開發，白川鄉也不能倖免於文明的衝擊。先是合掌屋賣卻外流或更建，然後是村內加須良、馬狩、大窪等地區的村民集體離村，四年後「加須良」這個名字從地圖上永遠消失。這事件讓荻町的居民震驚，並且警醒自覺，他們發現合掌屋越來越少了，再這樣下去總有

一天白川鄉也要從地圖上消失，因此成立了「白川鄉荻町集落自然環境保護會」，擬定合掌家屋「不賣、不租、不毀壞」的住民憲章，推動家園的保護運動。並且在政府保存經費大幅削減後募集基金，成立保存財團。

明善寺

他們拯救各地瀕臨毀滅的合掌屋，移築到荻町，並且保留田畑、山林、水路和道路，維護著古代農村的樣貌，是活生生的歷史標本。閒步在這小小的農村集落，雖然白雪覆蓋下見不到一絲綠意，但想像在其他季節的春耕夏耘和秋收，必是一幅安和恬靜的世外桃源景象。附近還有個大窪池，以前是大窪集落，居民外移廢村之後成為廣大的水芭蕉群生地，這些被稱為「水之妖精」的水芭蕉，在初春四、五月迎著春風招搖，澄碧映波，彷彿有什麼欲語還休的叮嚀，在風裡輕輕迴盪著。

冬天的白川鄉

像薑餅屋一般的白川鄉合掌屋，牽動了多少旅人的鄉愁！

同一個角度，夏日白川（沈健翔攝）

清澈的溝渠不時可見鱒魚游來游去 ┃ 合掌屋是最天人合一的建築（沈健翔攝） ┃ 優美恬靜

┃ 小小山村的未來危機

白川鄉自從登錄為世界文化遺產之後，聲名遠播，從世界各地兼程趕來的遊客絡繹於途，雖然提振了地方經濟，但也面臨了前所未有的考驗。人來少了怕百業蕭條經濟萎縮，人多了又怕資源過度利用，產生了現代生活與自然的衝突問題。

我在白川村的網頁上，看到他們憂心忡忡的問題：觀光客逐年減少，特別是來自台灣的觀光客急速縮減。希望往後中國大陸和東南亞國家的來客量能大幅增加……。

另一個隱憂則是害怕被併村，擔心人口越來越少，有一天會像「加須良」一樣從地圖上消失。十多年前日本全國共有三二三個村，截至二〇一〇年為止則只剩下一七二個村，縮編幅度接近五成。人口少資源少生產力少，經濟結構日趨困頓，小村的經營面臨極大危機，因此白川村在二〇〇五年結合了北海道美瑛町、赤井川村、山形大藏村、

長野大鹿村、德島上勝町和熊本的南小國町，共同發
起了「日本最美麗的村連合加盟」行動，至今共有
四十四個町村加入。

「日本最美麗的村連合加盟」的條件必須是人口在一
萬人以下的小村莊，而且要有經營特色。希望藉由這
個行動，互相觀摩學習，共同成長，擺脫小村經營喪
失自信、停滯不前的惡夢，從而守護住最美麗的農山
村景觀和傳統文化。

這樣的夢想和行動值得讚佩和支持，祝福這些最美麗
的小村莊！

▋ 合掌屋小知識

合掌屋，是因屋頂形狀為六十度三角形，觀之有如人
的雙手合掌，故稱之為「合掌屋」「合掌造」。房屋

▎合掌屋的建築和生活方式，是先民智慧的結晶 ▎合掌屋的屋頂覆蓋著茅草
▎全屋不見一根鉚釘，完全以接榫和結繩的方式完成

主體為木造，屋頂覆蓋茅草，全屋不見一根鉚釘，完全以接榫和結繩的方式完成。

合掌屋的建築和生活方式，實乃先民智慧的結晶。屋頂呈六十度正三角形，可防雨水浸透，並利於冬天積雪自動滑落避免壓垮屋頂。南北座向則可抗寒風，並有充足日照，冬暖夏涼，起居舒適。

內部格局大都為四到五層樓，一樓為起居空間，包括客廳、房間、廚房和浴室等，二樓是儲藏室。閣樓做為養蠶場所，人們生活所產生的溫暖熱氣提供蠶寶寶生長所必須的適合環境。

茅草屋頂每三、四十年必須更換一次，左鄰右舍相互幫忙，集眾人之力而完成。

▎如何前往白川鄉

方法一：由JR高山駅前搭乘濃飛巴士，五十分鐘可達白川鄉。巴士每日數班次行駛。

方法二：由JR金澤駅前搭乘濃飛巴士，六十五分鐘可達白川鄉。巴士每日運行三班次，必須事前預約。

方法三：參加濃飛巴士白川鄉觀光一日遊行程，由高山市出發，含導遊和午餐。每日運行，必須提前預約。

方法四：由名古屋的明鐵巴士站搭乘高速巴士直達白川鄉，預約制。

河童的眼淚

河童，在日本據傳是住在河裡的小孩，有人稱牠為水怪、水妖、水神，也有人説牠是水底的精靈。

牠長得什麼樣子呢？眾説紛紜，同中有異異中有同，歸納一下大約是：蛙眼、鳥嘴、龜背、蹼足，再加上亂髮叢生又禿頂，有的還頂著荷葉抓條魚，這個模樣的確會嚇壞小孩。

有個女生對討厭的男生説：「你長得好像河童喔！」

「真的嗎？」心中喜不自勝，還以為河童是某個日本影視明星。

如果後來他看到河童的怪模怪樣，説不定會傷心欲絕，或氣到去跳海。

在日本鄉間或溫泉區逛逛，説不定就會撞到河童，（我説的是塑像啦！）奧入瀨溪流GRAND HOTEL後方的步道，有一尊很可愛很善良的河童，看來不像會冷不防把你拖下水的樣子。以前渋沢公園古牧溫泉的露天風呂，造景也有一尊河童，當妳光溜溜赤身裸體很忘我的泡在溫泉池的時候，猛一抬頭，發現牠瞪圓了眼睛骨碌碌直望著妳，啊……

我在宇奈月溫泉車站，裡裡外外樓上樓下繞了好幾圈，硬是找不到一個垃圾桶來丟棄手上的一包水果皮，最後只好拜託店家幫忙處理。

在立山也是。在車站前幾條小街道來回走一遭，也看不到一個垃圾桶，倒是立了幾個告示牌，寫著：「為了保護環境，請把垃圾帶回家！」。

我們是因為要搭隔日第一班開往美女平的登山電車，所以投宿在立山，發覺這是一個美麗寧靜的小鄉鎮，人口不多，居民生活相當簡樸。它和長野縣的信濃大町分屬「北阿爾卑斯路線」的東西出入口，遊覽這條路線，必須換乘六種交通工具，包括登山纜車、無軌電車、高原巴士等等，新奇有趣。而且夏綠秋紅，景色各擅勝場，尤以每年四月十七日通車的「雪之大谷」，吸引了來自國內外的遊客。根據統計，每年湧入的觀光客超過百萬人次；若累計自1971年這條觀光路線開通運行之時，則有四千萬人之譜。

▎上高地梓川

數量這麼龐大的人潮，帶給當地居民的衝擊，真是一則以喜一則以憂。喜的是寒帶地方，冬期悠長，冰天雪地半年封山，生活十分的艱困，這筆觀光財真是造福蒼生。憂的是大量的遊客帶來大量的垃圾和污染，對於自然環境無異是大浩劫。

魚與熊掌如何取捨？利害相權考驗著人類的智慧和良知。

我仔細翻看環境保護協會的行事規章，並觀察住民商家的所做所為，不禁油然而生敬服之心。

首先，他們提出「守護環境」、「親近自然」這兩個基本訴求，然後制定種種規範。第一個要管制的是交通工具，除禁止私家車進入外，當地乘物盡量以電氣為動力源，要求達到零公害、低公害。纜車、電車當然不成問題，高原巴士也慢慢汰換為電動引擎，抑制排煙排氣造成的污染。

其次，施設必須考慮自然環境。建築物依地形地勢興建，配色須

立山・雪の大谷
標高　2,390m
気温　4℃
積雪　15ｍ
平成18年5月31日

左 ▌上高地河童橋 ▌宇奈月溫泉區的與謝野鐵幹夫婦的詩碑 ▌黑部立山雪之大谷
　　▌黑部立山纜車

與自然環境調和。所以，室堂轉運站因為建在一個三角形窪地，
就成為一座三角形建築物了。

除禁止焚燒垃圾、限制用水外，還興設大型合併的處理槽，嚴格
要求做好污水處理。用過的碗盤食器必須送到山下清洗，食材也
必須在物流中心加工處理之後才運到山上烹煮，務期做到在調理
時不產生生鮮廚餘。至於在這條路線無可避免所產生的垃圾呢？
則由清掃車回收運到山下處理。

對遊客的忠告是：把垃圾帶回家。親自然、愛自然，但不帶走立
山黑部任何自然物，保護這片美好土地並傳承給後代，是大家共
同的責任。

在上高地也是。

我們由河童橋走到明神池，沿著梓川，但見水流清澈、林木滋
榮，遠處的穗高群峰、燒岳、常念山峰巒起伏，山頂還覆著皚皚
白雪。沿途沒看到一張紙屑一個空罐，在林中的廁所好不容易發
現一個垃圾桶，但是乾乾淨淨，旁邊的告示寫著：「請把垃圾帶
回家！」伸出去要丟垃圾的手只好縮了回來。

旅客服務中心除了提供遊覽資訊和販售紀念品外，更重要的任務

則是環保教育。有一個展示台擺放了一小包一小包閃閃發亮像彩色水晶的物品，一包日幣一百元。仔細一看，原來是撈自河川的玻璃瓶，打碎磨成了顆粒，牆上的說明寫著：

> 這是河童的眼淚！
>
> 因為遊客把可樂瓶啤酒瓶拋棄在河川，
>
> 河水被污染了，
>
> 河童不能呼吸快要死了，
>
> 所以傷心的哭泣。

希望遊客花一百元把這些玻璃顆粒買回家，為環保盡一分心力。

果真有許多來修學旅行的女學生掏了腰包，年輕的一代還是很有良心很值得期待的。

這是二○○六年春天的事。

失戀巧克力

離開上高地，我們的車子在山路上迂迴行進，前往白骨溫泉。白骨溫泉是長野縣有名的祕湯，隱身在日本阿爾卑斯山系的深山密林裡。

既是祕湯，當然就是地遠路偏，交通不便，人跡不能輕易到達，從松本過來，一天只有一班直達巴士，這趟要不是包了車，我可不堪一路轉車換車的折騰。

「白骨溫泉」的命名源自中里介山以此地為背景的一篇小說，據說湯色乳白，就像白骨一樣，聽起來亂恐怖的。我想，搞不好就是一鍋久燉的排骨濃湯？

在白骨溫泉案內所前下了車，路旁停了幾輛溫泉旅館接送的車子，我們一邊看地圖，一邊請教那些旅館的駕駛，研究去哪兒泡湯最好。第一要有露天風呂，第二不能太遠，第三當然不能貴得離譜。結果因停留時間有限，找不到適合的日歸泡湯旅館，只好接受案內所人員的建議，就泡近在眼前的「野天風呂」白骨湯。

「野天風呂」的確名副其實，十足的祕湯風情，就在淙淙溪流邊，一椽老舊黑瓦、幾張歪斜草籬，圈住的就是湯色如白骨、號稱對胃疾很有療效的野湯。小心翼翼拾級向溪谷行去，耳邊傳來轟隆水聲，眼裡盡是迷離新綠。雖是設備簡陋的野湯，但是置物櫃、更衣區、沖洗水龍頭該有的還是都有，不過可別忘了自備毛巾。

洗淨身體跳進那一鍋白濁濃湯，水溫滿高的，沒幾分鐘就個個臉頰紅撲撲。一邊泡湯一邊傾聽水聲、飽覽新綠，頓覺天寬地闊胸臆豁

▌泡個白骨濃湯，滌去塵世煩憂

然，澎湃文思彷彿就要泉湧而出，難怪芥川龍之介、與謝野晶子、若山牧水等文人墨客都喜歡在此徜徉。

捧起一掬溫泉水細看，湯色不如想像的白濁，彷彿乳色中雜有清湯。十多年前白骨溫泉因泉源枯竭，湯色逐漸由濁變清，業者恐慌之餘合謀加入人工溫泉劑，以增加白濁的程度，結果爆發了溫泉造假事件，引致消費者抵制抗議，日本政府也進行全國溫泉大調查，發現人工造假的溫泉為數不在少數。之後的伊香保溫泉、福岡所謂的天然溫泉，也都有類似的事件。

這個公營的野天風呂不像有增溫設備，泉流進出量大而順暢，也不太可能投入人工溫泉粉，雖然不是想像中的白骨濃湯，感覺還是相當暢快和充滿野趣的。

泡完湯之後，在溫泉街閒逛，逛進「白骨齊藤賣店」，十足的老式雜貨鋪，賣的東西吃的用的品項繁多，有點雜亂的陳列在頗有年歲的木架貨櫃上，或由天花板垂掛下來。好像尋寶一般，我們找到了檜木飯鍋、吃蕎麥麵用的竹篩、手工打造的鐵茶壺、鄉下歐巴桑做的針插。

我突然發現門邊的一個竹籃子裡放了一大疊藥包，就像我們去醫院看診完拿回來的藥袋子，難不成這小店也兼賣成藥？好奇的拿起來一看，白色藥袋上斗大的藍字寫著《戀的內服藥》，『○○○樣』空白處還可以填上患者的名字，並且有服藥說明：「一日數回，一次一錠。」

翻到背面，則是紅字提示：「副作用會導致蟲齒，請與齒科醫師相談」「本人以外不可使用」「請持續服用至戀病痊癒為止」……

失戀時泡個白骨湯，再服幾帖內
服藥，便可脫胎換骨戀病痊癒

■INFORMATION 旅遊資訊

白骨溫泉公共湯「野天風呂」
門票｜大人￥500

營業時間｜8：30（7-8月9：30）～
17：30

交通資訊｜從JR松本站搭乘松本電鉄
上高地線，在終點新島々轉搭往白骨
溫泉的巴士，合計約2個小時。

哈哈這個銷售手法可真高明，少
少幾顆糖賣三百九十日元。我如
獲至寶拿了一包，結賬時老闆呵
呵的直望著我笑。

「Candy？」

「Yes！」

有巧克力和藍莓口味。

我不必吃這個藥，是想把它送給
朋友。但是回來一星期了，還不
知要送給誰？身邊的朋友好像沒
人鬧失戀呢，又不敢隨便找個人
送，怕被捶死。

看來，白骨溫泉應該歸類為療癒
系溫泉。失戀的時候，顛顛躓躓
來到這裡泡個白骨湯，銷魂蝕骨
痛哭流涕一番，然後耳聽溪聲眼
觀佳色，彷彿大自然有所垂訓，
心中自有感動和領會。

泡完湯，回去再服幾天《戀的內
服藥》，應該就能脫胎換骨彷彿
重生了。

旅行中遇到的好人

「這次的旅行，你覺得最幸福的是什麼？」

吃過晚餐，大夥兒拉過椅子，圍坐在一起閒聊。這是L提出的問題。

「幸福就是有美景、有美食，還能和好朋友分享。」

「幸福就是拿著一張PASS，隨心所欲的搭新幹線。」

「幸福就是和心愛的人同行！」

這一句是W說的，這樣的幸福無人能取代，也叫人既羨慕又嫉妒，因為全團只有她和L是夫妻檔，盡日就看他們如膠似漆、如影隨形，故意要叫眾美女煞到目睛脫窗。

輪到我時，我沉吟許久，一時竟說不出話，心中百感交集。我當然希望能和親密伴侶攜手偕行，也喜歡和莫契十足的好友同遊。然而自助旅行最重要的好像又不止這些。

「我覺得幸福就是在旅途中遇到好人，彼此信任，互相體貼，才能玩得如此盡情盡興。」

的確。說這話，我是心有所感的。此時此刻，我們平安和樂的坐在民宿的小餐廳裡，邊喝咖啡邊聊著日間行程和所聞所見，細語喧喧，輕笑款款，幸福就是這麼簡單。

說是民宿，其實是長野縣安曇野的青年旅館。主人安藤先生是一位很書生氣的人，女主人房江一看就是賢妻良母。從網站知道他們頗執著於某些事，例如環境的問題、地方藝文活動等等，也看得出來很愛他們的家鄉。

五、六年前初春路過安曇野，特地來住過一晚。那時青年旅館才蓋好沒多久，經過完善規畫的木造建築，投宿的人不多，感覺非常的寧靜舒適，加上安藤夫婦的親和，以及安曇野的美麗景色，心下決定他日有機會一定要再來。

這回走黑部立山，落腳當然就是安曇野了。

青年旅館有點舊了，大概是因為不上漆，木頭久經日曬雨淋有點老化，樓梯走起來吱吱嘎嘎，戶外的露臺也斑駁了。所幸故人如舊。我們跟安藤非親非故攀不上任何關係，但是在國外旅途中見到曾經熟識的人還是很安心很高興的，儘管只有過一次的相遇。

這次我們在安曇野要待上三天。

白天，騎了腳踏車到處閒晃，沐著春陽，逛逛美術館坐坐咖啡屋。十足悠閒、有點散漫、有點頹廢，真希望時間就此靜止。

黃昏回到青年旅館，安藤夫婦已準備好晚餐等著我們。西式的餐點，有餐前酒、有茶有咖啡有甜點，真叫人心滿意足。

安藤夫婦會關心的問我們去了哪裡？明天有何計畫？

當他看到我們攤開地圖，討論如何去上高地時，很熱心的列出了一張表，非常努力的和我們比手畫腳溝通。他說：

> 「你們這樣走很麻煩啦，坐電車、轉電車、再轉巴士……很辛苦的，我幫你們叫車子，小巴士剛剛好，我來講價，價錢一定比車票便宜，來來，我算給你們看……」

所以，我們就給他搭小客巴到上高地去了。安藤先生還講好要司機半途停車，讓我們買便當買水果，帶去上高地吃；回程並且帶我們去白骨溫

泉泡湯。（白骨濃湯耶，是隱在深山的祕湯喔！）

所以，今天快快樂樂輕輕鬆鬆的玩了一整天，此刻心滿意足的圍坐在一起幸福哈啦。旅人，尤其是自助旅行的旅人，特別需要有這樣的好人相助。

記得十多年前第一次去伊豆，在一個陌生的村莊下了巴士，一時摸不清東西南北，在微雨的夜色中心慌的闖進一家民宿，心想應該沒錯吧，結果……結果名字差了一個字！幸好老闆娘好心，特地開了車把我們專程送達。讓我們感激感動並且嘖嘖稱奇：天下竟有這樣的好人！

之後，多次的旅途中就不斷的碰上好人。

例如在京都。那時對於自助旅行還不太有經驗，加上旅伴又大都沒做好功課，只會亦步亦趨的跟著，拉了一群十多人逛街本就十分辛苦，前面的人看得興高采烈嘰嘰喳喳，後面的人東張西望莫名其妙，逛到後來，有點失望、有點無趣，又有點生氣，各自搭車回旅館去了。

▌安曇野繪本館外庭

▌安曇野青年旅館

▌安藤夫婦

|1|2|3|
|4|5| |

▌1. 早春的清晨空氣冷冽，田野氤氳著水
　氣，凍得我鼻水滴滴，心中卻是溫暖
　的，我有好多好多故事想要告訴你。

▌2. 在大王wasabi園寫生的銀髮族

▌3. 道祖神是安曇野的守護神

▌4. 安曇野是藝術村，有各式各樣的美術館

▌5. 遊賞安曇野最方便的交通工具是單車

我和H不甘心放棄這樣的夜晚，打定主意繼續向前走。逛完了木屋通，再逛先斗町，然後坐在鴨川畔吹冷風吃霜淇淋，等到要回旅館時卻迷了方向。問路問到京阪四條，剛好迎面來了兩位站務員，我寫給他看：

「東山YH怎麼去？」

他指點我們搭上了車。剛好就是他們隨車服務，所以到站時不忘提醒我們，我和H千謝萬謝下了車。

「喂！喂？……」

是在叫我們嗎？回頭一看是那服務員，難道是投錢投錯了？我不解也不知如何溝通，不管了，繼續向前走。

過了馬路。

真狠，那服務員追了過來，看樣子是來討車資的。

他擋在我們面前停了步，手指著一條馬路比手畫腳的說：

「YH就在前面不遠，二〇〇米，直直走就到了。」

我驚訝、驚喜，張大了嘴，趕快向他鞠躬致謝。

望著他跑步過馬路再跳回電車上，我的眼淚不禁奪眶而出。

我也記得在指宿溫泉做完沙浴，全身熱騰騰紅得像龍蝦，邊沖著水邊拂去身上的沙子，旁邊的一位歐巴桑順手就幫我搓起背來，並且問我從哪兒來呀……

我也記得在三千院，一位老婆婆笑咪咪的再三對我說：

「祝你幸福！」

在醍醐寺，美麗的中年女士木村帶我去抽籤，我抽到的籤文是「無事かえる」（平安回家），兩人高興的抱著又跳又叫。

朋友都說，我的運氣超好，遇到的都是好人。固然這是難得的好運氣好機緣，但也是一種彼此的互信和互相珍惜吧？遇到經營十分用心的民宿主人，我總會盡可能把他的底細摸清楚。例如我就知道安藤先生喜歡音樂，知道他有三個傑出的兒女，一個法律事務、一個畫家、一個醫科五年級。

我誇房江媽媽是一百分媽媽，她一邊羞澀的笑著，一邊得意的說：

「女兒正在名古屋開畫展，這屋裡牆上的畫都是女兒的作品呢！」

我說我知道的，而且一日看三回。

我們也不忘在用完浴室和盥洗台時，把自己的落髮撿拾乾淨，並擦去飛濺的水漬。房江媽媽說，我們是她見過最好的客人。

上高地回來，給房江媽媽帶了一小盒點心，她高興得笑瞇了眼，換得的是離開時一人一份小禮物。我們有十個人哩，賺到了。

旅人，就是需要這樣的祝福和相互的體貼。

▌旅行小筆記

整理照片的時候，我又跌入安曇野的美麗回憶裡，心中無限懷念。

初識安曇野，是看到JET的介紹，之後有一個深夜，很奇妙的闖進安曇野YH的網頁裡，不由然興起縱令千里迢迢也要去找尋這個世外桃源的想法。

第一次去是初春，田土新耕，新綠初著，我停留一夜。

第二次去是暮春，我從黑部立山下來。這時的安曇野像一匹錦繡，原野上野花開遍，田地裡稻穗初孕，迎風款舞著。紫藤、牡丹、玫瑰、魯冰花盛開，空氣裡飄散著淡淡甜香。

最難忘記去繪本館的那天，我們騎單車去拜訪隱在密林裡的小屋。滿屋子美麗的繪本和卡片，叫人著急看不完。大家都買了書，然後坐在小院子裡喝咖啡，邊看書邊說故事，渡過了很寫意的春日下午。

你問我還想再去嗎？答案當然是肯定的。下次說不定是秋天，再去住個三天五天，或者一個星期。我只擔心愛旅行的安藤夫婦，在兒女成年而且事業有成之後，會不會把民宿繼續經營下去？

■ INFORMATION 旅遊資訊

安曇野Pastoral YH

住址 | 長野縣南安曇野市穗高有明8508

電話 | 0263-83-617

交通指南 | 自JR大糸線穗高駅騎單車約30分，搭計程車8分

交通指南 | 基本料金￥3360～／人（素泊），淡旺季有增減，不是YH會員另加￥600

▮ 安曇野青年旅館

▮ 安曇野之春

▮ 美麗安曇野

要旅行01　PE0051

✳ 要有光
FIAT LUX　　　搭JR鐵道遊北海道‧東北

作　　者	蔡碧航
責任編輯	林千惠
圖文排版	陳佩蓉
封面設計	陳佩蓉

出版策劃	要有光
製作發行	秀威資訊科技股份有限公司
	114 台北市內湖區瑞光路76巷65號1樓
	電話：+886-2-2796-3638　傳真：+886-2-2796-1377
	服務信箱：service@showwe.com.tw
	http://www.showwe.com.tw
郵政劃撥	19563868　戶名：秀威資訊科技股份有限公司
展售門市	國家書店【松江門市】
	104 台北市中山區松江路209號1樓
	電話：+886-2-2518-0207　傳真：+886-2-2518-0778
網路訂購	秀威網路書店：http://www.bodbooks.com.tw
	國家網路書店：http://www.govbooks.com.tw
法律顧問	毛國樑　律師
總 經 銷	易可數位行銷股份有限公司
	地址：231新北市新店區寶橋路235巷6弄3號5樓
	電話：+886-2-8911-0825　傳真：+886-2-8911-0801
	e-mail：book-info@ecorebooks.com
	易可部落格：http://ecorebooks.pixnet.net/blog

| 出版日期 | 2013年09月　BOD一版 |
| 定　　價 | 360元 |

Printed in Taiwan

國家圖書館出版品預行編目

搭JR鐵道遊北海道‧東北 / 蔡碧航著. -- 一版. -- 臺
北市：要有光,2013. 09
　　面；　公分
　ISBN 978-986-89852-2-3 (平裝)

1.火車旅行　2.日本

731.9　　　　　　　　　　　　　102015944

讀者回函卡

感謝您購買本書，為提升服務品質，請填妥以下資料，將讀者回函卡直接寄回或傳真本公司，收到您的寶貴意見後，我們會收藏記錄及檢討，謝謝！如您需要了解本公司最新出版書目、購書優惠或企劃活動，歡迎您上網查詢或下載相關資料：http:// www.showwe.com.tw

您購買的書名：_____

出生日期：_____年_____月_____日

學歷：□高中 (含) 以下　　□大專　　□研究所 (含) 以上

職業：□製造業　□金融業　□資訊業　□軍警　□傳播業　□自由業
　　　□服務業　□公務員　□教職　　□學生　□家管　　□其它____

購書地點：□網路書店　□實體書店　□書展　□郵購　□贈閱　□其他

您從何得知本書的消息？

　　□網路書店　□實體書店　□網路搜尋　□電子報　□書訊　□雜誌

　　□傳播媒體　□親友推薦　□網站推薦　□部落格　□其他_____

您對本書的評價：(請填代號　1.非常滿意　2.滿意　3.尚可　4.再改進)

　　封面設計____　版面編排____　內容____　文／譯筆____　價格____

讀完書後您覺得：

　　□很有收穫　□有收穫　□收穫不多　□沒收穫

對我們的建議：_____

_____

_____

_____

11466

台北市內湖區瑞光路 76 巷 65 號 1 樓

秀威資訊科技股份有限公司　　　收

BOD 數位出版事業部

....

（請沿線對折寄回，謝謝！）

姓　　名：＿＿＿＿＿＿＿＿　年齡：＿＿＿＿　性別：□女　□男

郵遞區號：□□□□□

地　　址：＿＿＿＿＿＿＿＿＿＿＿＿＿＿＿＿＿＿＿＿＿＿＿

聯絡電話：(日)＿＿＿＿＿＿＿＿　(夜)＿＿＿＿＿＿＿＿＿＿

E-mail：＿＿＿＿＿＿＿＿＿＿＿＿＿＿＿＿＿＿＿＿＿＿＿